일자리 혁명 2030

제4차 산업혁명이 변화시킬 업[業]의 미래

일자리 혁명
2030

박영숙 · 제롬 글렌 지음

비즈니스북스

옮긴이 **이희령**

이화여자대학교 영문과를 졸업하고 서강대학교와 미국 워싱턴대학교에서 경영학과 법학을 공부했다. 국내 및 미국 기업에서 다양한 국제 거래 및 경영 컨설팅 관련 업무를 했으며, 현재는 글밥아카데미를 수료하고 바른번역 소속 번역가로 활동 중이다. 옮긴 책으로는 《이코노미스트 2017년 세계경제대전망》이 있다. 이 책에서는 자료가 되는 해외 기사를 비롯해 제롬 글렌의 글을 번역했다.

일자리 혁명 2030

1판 1쇄 발행   2017년 6월 15일
1판 5쇄 발행   2017년 10월 30일

지은이 | 박영숙, 제롬 글렌
발행인 | 홍영태
발행처 | (주)비즈니스북스
등 록 | 제2000-000225호(2000년 2월 28일)
주 소 | 03991 서울시 마포구 월드컵북로6길 3 이노베이스빌딩 7층
전 화 | (02)338-9449
팩 스 | (02)338-6543
e-Mail | bb@businessbooks.co.kr
홈페이지 | http://www.businessbooks.co.kr
블로그 | http://blog.naver.com/biz_books
페이스북 | thebizbooks
ISBN | 979-11-86805-71-8   03320

* 잘못된 책은 구입하신 서점에서 바꾸어 드립니다.
* 책값은 뒤표지에 있습니다.
* 비즈니스북스는 독자 여러분의 소중한 아이디어와 원고 투고를 기다리고 있습니다.
  원고가 있으신 분은 bb@businessbooks.co.kr로 간단한 개요와 취지, 연락처 등을 보내 주세요.
* 비즈니스북스에 대한 더 많은 정보가 필요하신 분은 홈페이지를 방문해 주시기 바랍니다.

미래의 부와 성공 기회는 어디에 있는가

최근 강연을 다니다 보면 확실히 시대가 변했다는 느낌을 많이 받는다. 미래에 대한 관심은 늘 있어왔지만 최근 몇 년의 관심은 과거와 남다르다고 해도 지나치지 않다. 예전에는 기업의 CEO나 임원진, 미래 트렌드에 관심이 많은 일부 직장인들이 나의 강연을 들었다면 이제는 막 스무 살이 된 학생들부터 초등학생 아이를 둔 엄마까지 그 저변이 무척 넓어졌다. 모두가 미래를 궁금해하고 기대하면서도 한편으로는 어떻게 달라질지 혹여 나의 일자리가 사라지는 것은 아닌지, 먹고살 길이 막히는 건 아닌지 불안해한다.

그러다 보니 강연만 가면 나오는 가장 흔한 질문은 '어떤 일자리가 가장 안전하며 돈을 많이 버는 유망 직종인지', '그래서 우리 아이가 어떤 전공을 공부하면 좋을지'이다. 좀 더 나이가 있는 사람들이라면 '지금 내가 하는 일이 미래 산업인지'를 묻곤 한다.

그런 질문이 나오면 나는 한국인들이 미래에 더 주목해야 하고 잘할 수 있는 분야는 인공지능 분야라고 대답해 준다. 20~30년 전에는 무조건 컴퓨터 관련 전공을 하면 미래에 먹고살 걱정은 하지 않아도 된다고 했다. 시대가 변해 이제는 인공지능이 그 자리를 차지했다. 인공지능과 관련된 산업이 미래 먹거리를 만들고 일자리를 창출한다. 인공지능에 대한 공부는 선택이 아닌 필수인 시기가 오고 있는 것이다.

구글, 애플, 페이스북, 아마존 등 10대 기술 기업들이 가장 많은 투자를 하는 곳도 바로 인공지능 분야다. 테슬라의 일론 머스크는 올해 초 뉴럴링크Neuralink라는 뇌-컴퓨터 인터페이스 회사를 설립했다. 머스크는 인공지능을 인간의 뇌와 결합시켜 알츠하이머나 치매 같은 질병을 치료하는 것은 물론 인간의 뇌 성능을 획기적으로 향상시켜 주는 인공지능 개발을 목적으로 하고 있다. 기업들이 미래 산업에 대한 관심이 높은 데 비해 이에 대한 전문 지식을 가진 사람들이 상대적으로 적다 보니 지금 실리콘밸리에서는 인공지능 전문가의 몸값이 엄청나게 뛰고 있다. 인공지능 전문가들이 가장 인기가 높은 때가 지금이다.

한국에서 2030년 가장 전망 있는 일자리는 삼성, 현대 같은 대기업이 아니다. 이들 기업은 재벌기업으로 유연성이 낮아 지속적으로 작아지고 붕괴할 수밖에 없다. 가장 좋은 일자리는 지역과 나라에 구애 받지 않는 글로벌 첨단 기술 기업들 그리고 그러한 기술을 바탕으로 만들어지고 있는 공유경제 기업들이다. 그러므로 지금 인공지능 학교, 즉 'AI 스쿨'에 다녀서 인공지능에 대해 공부하고 최고 연봉을 받으면서 구글, 애플, 아마존, 페이스북 같은 기술 기업에 들어가는 것이 가장 좋은 '플랜 A'이다.

그렇다면 '플랜 B'는 뭘까? 바로 인공지능을 공부해 스스로 창업을 하는 것이다(미국이라면 창업이 플랜 A가 될 수 있겠다). 20년 전 모든 산업에 컴퓨터가 들어가 효율을 높였듯이, 이제는 모든 산업에 인공지능이 결합된다. 인공지능이 들어가서 모든 산업을 혁신하고 모든 제품을 더 빨리, 더 많이, 더 싸게, 더 좋게 만들어 낸다.

그렇다면 인공지능 다음으로 일자리가 많이 생기는 분야는 어디일까? 바로 '솔라 잡'Solar Job, 즉 태양광에너지 관련 일자리이다. 미래학자들은 모든 에너지가 태양광으로 전환되는 시기를 2030년으로 본다. 그 이전인 2020년부터 많은 사람들이 태양광 패널을 지붕 위에 설치하고, 지붕 위에서 발전된 전기를 개인화된 에너지 저장 시스템ESS에 저장해놓고 쓰거나 직접 벽에 플러그를 꽂아 전기를 사용할 수 있게 된다. 한국이 태양광발전으로 넘어가는 시점도 2020년경이다. 그 이유는 기업인들이 가장 싼 전기료를 선택할 것이기 때문이다. 그렇게 되면 한국전력의 독점이 끝나고 한국전력이 고용하던 사람들보다 10배로 많은 태양광 일자리가 탄생한다. 태양광 프로젝트 개발, 태양광 패널 생산과 설치, 태양광 스마트 그리드, 전기차 V2G Vehi-cle to Grid 기술 등 많은 분야에서 새로운 일자리가 창출된다.

반대의 경우도 생각해 볼 필요가 있다. 더 이상 새로운 일자리를 창출하지 못하는, 피해야 할 '사라질 일자리'는 무엇일까? 인공지능으로 사라지는 일자리들은 보험사의 영업 사원이나 손해사정인 등이다. 보험과 관련된 일들은 모두 인공지능으로 대체된다. 사람이 할 수 있는 것보다 빠르며 정확한 텍스트, 이미지, 오디오 및 비디오를 포함한 모든 데이터를 분석하고 해석할 수 있기 때문이다. 은행 업무도 마찬가지다. 은행원들이 할 수 있는 일의 약 90퍼센트는 인공지능으로 대체된다. 이미 재무분석가들은 인공지능에 의해 자리를 빼앗기고 있다. 펀드매니저, 금융 관련 매니저는 더 이상 유망 직종이 될 수 없다.

제4차 산업혁명을 앞둔 이 시대에 한국 사회는 아직도 너무 안이한 대처를 하고 있는 게 무척 안타깝다. 미래 사회 변화는 기하급수의 속도로 다가오고 있는데 현실은 앞서 나가기는커녕 뒤를 좇는 데도 급급한 실정이다.

나는 영국 정부기관에서 20년, 호주 정부기관에서 10년을 근무하면서, 그들이 한 발 앞서 미래를 준비하는 것을 가까이에서 지켜봐 왔다. 그들은 아주 오래전부터 미래에 부상할 산업을 정확하게 파악하고 관련 정책을 준비한다. 그리고 그 과정에서 아무런 정치적인 영향도 받지 않는다. 삼성 혹은 현대공화국이라고 말하는 우리나라의 경우, 지금까지 대기업들이 투자한 산업을 아무런 연구 없이, 의심 없이 미래 산업이라고 불렀다. 미래를 내다보고 정책을 만들어야 하는 정치인들도 그들과 손을 잡았다.

미래학자로서 오래전부터 몇몇 대기업이 투자하고 있는 부분은 미래 산업이 아니라고 주장했지만 외로운 싸움일 뿐이었다. 지금 그 결과는 어떠한가? 레드오션임이 분명한 조선·해양 산업에 국고를 쏟아붓고, 미국과 유럽 등지에서는 이미 상용화 시기를 논의 중인 자율주행차 기술은 아직도 시작 단계에 불과한 상황이다. 알파고와 이세돌의 대국으로, 그리고 제4차 산업혁명과 관련된 공약 등으로 인공지능과 미래 산업에 대한 논의가 점차 수면 위로 올라오고 있는 게 다행이지만 미국이나 다른 선진국에 비하면 아직도 한참 뒤떨어진 수준이다. 또한 오늘날 사람들에게 가장 필요한 스펙은 하루가 다르게 바뀌는 기술에 대한 적응력과 포용력이지만 이를 정말 포용력 있게 받아들이는 사람들은 많지 않은 듯하다.

이 책은 많은 사람들이 이미 우리 앞에 닥친 기술 변화를 제대로 바라볼 수 있도록, 앞으로 일어날 산업과 일자리, 삶의 변화를 두려움으로 무시하기보다는 도약의 발판으로 삼기를 바라는 마음에서 쓰게 됐다. 책의 구성은 크게 두 부분으로 나뉜다. 첫 번째는 미래 사회는 어떻게 변하는지, 그로 인해 어떤 일자리가 사라지고 어떤 일자리가 새롭게 등장하는지, 미래의 일자리를 창출하는 각광받는 산업 분야는 어디인지에 대한 것이다. 두 번째는 이런 미래를 맞이하기 위해 기업과 정부가 어떤 준비를 해야 하고 자녀들에게는 무엇을 가르쳐야 하며, 어떤 자세로 미래를 바라봐야 하는지를 담았다.

오늘도 많은 사람들이 내게 묻는다. 미래는 어떻게 변하는가? 그리고 무엇을 준비하면 되는가? 그러나 미래학자는 예언가도 아니고 점성술사도 아니다. 그 어떤 것도 정답이라고 단언할 수는 없다. 다만 더 많은 질문을 통해 가능성을 높여갈 뿐이다. 계속해서 질문을 던지는 자세가 미래 세대에는 중요해진다. 새로운 기술, 산업에 끊임없이 적응하면서 신속히 배우는 능력을 길러야 할 것이다. 앞으로는 전공이나 석·박사 학위 같은 것은 중요하지 않게 된다. 창의력, 문제해결력, 분석력, 판단력, 협업력, 공감 능력, 인적 네트워크를 만드는 능력 등이 중요해진다. 전통적인 대기업들이 붕괴하므로 이런 능력을 가지고 1인 기업을 차리거나 자신이 하고 싶은 일을 할 때 우리의 미래에 승산이 있다.

2030년까지 채 15년도 남지 않았다. 짧다면 짧고, 길다면 긴 시간이다. 이 책이 앞으로 우리 사회가, 미래의 우리 아이들이 나아가야 할 방향과 대안을 마련하는 데 큰 도움이 되면 좋겠다.

유엔미래포럼 대표
박영숙

차
례

미래의 사회를 전망하다
'풍요의 시대'는 위기이자 기회다

01 고령화와 인구 절벽이 가져올 변화

02 누구나 기본소득을 받는 세상

제
2
장

미래의 일을 전망하다
일자리 혁명이 일어날 7대 산업

01 로봇, 더 안전하고 효율적인 노동자의 탄생

제 3 장 미래의 생존을 전망하다
10년 후 당신과 당신의 자녀에게 필요한 것

테크캐스트 글로벌이 예측하는
미래 부상 기술과 세계시장 규모

미래 기술 예측 기관으로 유명한 테크캐스트 글로벌TechCast Global(한국 대표 박영숙)은 리얼타임 델파이Real Time Delphi 기법(세계 최고 전문가들의 의견을 모아 사회 현상을 분석하고 예측하는 기법)을 통해 미래 기술을 예측한다. 각 산업 분야나 정부의 예산을 더하고, 국가나 기업의 정책을 분석하여 부상, 붕괴하는 산업을 예측하여 그 부상 기술이 몇 년도에 보편화되는지, 그때의 세계시장 규모는 어떠한지를 거시적으로 전망하는 것이다. 미래에 무엇을 전공하면 좋을지, 어떤 일자리가 유망 직종인지 궁금하다면 테크캐스트에서 전망하는 부상 기술만 알아도 크게 도움이 될 것이다.

2030년까지 최대 산업은 세계시장 기준으로 단연코 에너지 환경

〈미래 부상 기술과 세계시장 규모〉

(단위: 10억 달러)

분야	기술	실현 연도	시장 규모
디지털 경제	가상 교육	2021년	333
	원격 근무	2023년	663
	전자정부	2020년	221
에너지 환경	스마트그리드	2025년	742
	정밀 농업	2023년	583
	유기 농업	2027년	117
	기후 조절	2021년	587
	그린 이코노미	2022년	2,321
	유전자변형 동·식물	2024년	682
	수경 농업	2025년	229
	대체식품	2024년	987
	대체에너지	2026년	2,084
정보통신	가상현실	2022년	312
	사물인터넷	2021년	1,329
	인텔리전스 인터페이스	2020년	452
	클라우드/그리드	2018년	588
	생체인식	2020년	128
	인공지능	2026년	709
제조 및 로봇공학	스마트 로봇	2026년	520
	나노 테크놀로지	2024년	750
	하이테크 홈	2026년	1,998
	모듈러 건축	2026년	2,100
	에너지 저장	2023년	734

분야	기술	실현 연도	시장 규모
바이오 및 의료	합성생물학	2021년	714
	개인 맞춤 의료	2026년	858
	생명 연장	2039년	1,635
	게놈 치료	2030년	666
	원격 진료	2021년	676
	암 치료	2029년	861
	뉴로 테크놀로지	2034년	455
우주	우주 관광	2019년	92
	달 개척	2034년	373
	인류의 화성 정착	2034년	509
	태양광 인공위성	2031년	433
운송	연료 전지 자동차	2019년	581
	지능형 자동차	2023년	1,131
	하이브리드 자동차	2021년	893
	전기자동차	2027년	1,190
	극초음속 비행기	2032년	113

산업이다. 그린 이코노미 시장이 2조 3,000억 달러, 대체에너지 시장이 2조 800억 달러에 달한다. 그다음으로 규모가 큰 산업은 로봇공학이며 바이오 및 의료 산업이 그 뒤를 잇는다.

이제는 떠오르는 미래 산업의 성공 여부에 따라 부의 재편이 가능해진다. 기존 산업에서 수많은 직업이 사라지고 있는 대신 미래 산업에서 더 많은 먹거리와 일자리가 창출된다.

미래에 새롭게 부상하는
24가지 산업과 일자리

세계미래회의World Future Society(한국 대표 박영숙)에서 발간하는 월간지《퓨처리스트》The Futurist는 20~30년 후 크게 부상해 수백만 명을 고용할 산업 20가지를 선정한 바 있다. 앞으로 살펴보겠지만 미래에는 과연 어떤 산업이 떠오르고 어떤 산업이 역사의 뒤로 사라질까?

이미 회계, 관리, 판매 등 많은 전통적인 직업들이 새로운 산업의 상황에 맞게 바뀌고 있다. 세상의 이런 변화를 바로 인지하지 못하면 나중에는 늦을 수도 있다. 멀쩡하던 기업이 한순간에 망하거나 위기에 처할 수 있다. 앞으로 나타날 새로운 직업과 산업에 대해 미리 살펴봐야 하는 이유는 그 때문이다. 다음은 향후 급성장해서 수백만 명을 고용할 24가지 산업이다.

인공지능 교육 산업

미래에는 AI 스쿨이 신흥 산업으로 부상한다. 인공지능 기술이 새로운 일자리를 가장 많이 창출하게 되면서 앞으로 모든 학교는 인공지능 학교, 즉 AI 스쿨로 변하게 된다. 인공지능을 활용해 프로그램을 만들고, 인공지능 로봇을 만들어 가사도우미로 쓰고, 인공지능 엔진으로 화장품 개발을 하고, 인공지능을 체계적으로 가르쳐서 교과서적인 지식이 아닌 당장 제품과 서비스를 만들 수 있는 인력을 기르는 교육 산업이 한국에 가장 시급하게 필요하다. 이미 인실리코 메디슨 Insilico Medicine의 CEO 알렉스 자보론코프Alex Zhavoronkov는 '아시아 AI 허브'를 만들어 세계 최고 인공지능 브레인들을 한국을 포함해 아시아에서 데리고 와서 그들을 최고의 인공지능 전문가로 교육시켜 전 세계에 내보내거나 한국에 인공지능 일자리를 만들려는 계획을 가지고 있다.

태양광발전 산업

현재 가장 큰 폭으로 일자리가 증가하는 분야는 단연 태양광발전 관련 일자리다. 태양광 패널 생산, 설치, 프로젝트 개발, 관련 서비스 등에서 가장 많은 일자리가 나온다. 태양광발전은 약 60년 전에 발명되어 현재까지 지속적으로 발전해 오고 있다. 현재 미국 에너지부 Department of Energy의 신규 일자리 보고서 통계에 따르면 2015~2016년까지 37만 4,000명이 태양광에너지 산업에 종사하고 있으며 기타 화석연료 관련 산업(한국으로 따지면 한국전력과 같은)에서 일하는 사람은 18만 7,117명으로 '솔라 잡'을 가진 사람이 두 배 정도로 많아졌다. 미국에서 생긴 50건의 신규 일자리 중 1건이 태양광발전 산업에서 생겨난 것이다. 지난 4년 동안 태양광발전 산업과 관련한 일자리는 연간 20퍼센트씩 증가했으며 2010년 관련 통계가 처음 발표된 이래로 거의 세 배 증가했다. 이는 석유가스, 석탄발전을 다 합친 것보다 태양광발전 산업에서 더 많은 일자리를 창출한다는 것을 뜻한다. 국가와 지역 정부가 제공하는 인센티브, 패널 가격의 하락, 대체에너지에 대한 수요 증가와 끊임없이 이어지는 혁신으로 태양광발전 산업은 앞으로 더욱 뜨거워질 전망이다. 한국에서도 태양광전지의 효율성이 점점 더 높아지면서 가장 많은 청년 일자리를 만들게 된다.

대기 속 수분 수확 산업

미래에는 지구온난화로 강과 저수지, 지하수가 마르고 강줄기가 바뀌어 종래의 식수 공급 시스템이 위기에 처한다. 물이 귀해진 탓에 강 위쪽에 위치한 국가들은 댐으로 물을 막고 아래쪽에 있는 국가들이 물 전쟁을 벌인다. 그래서 강이 아닌 공기 중의 수분을 수확하는 산업이 안정적인 식수 공급 시스템으로 주목 받게 된다. 사실 강이나 호수, 지하수보다 지구의 대기에서 물을 얻는 것이 훨씬 효율적이고 공평하다. 지금 우리는 필요한 물을 얻기 위해 강물과 빗물에 의존하고 있지만 만약 그런 비를 필요할 때 바로 내리게 할 수 있다면 어떨까? 연구자들은 이 문제를 해결하기 위해 주문형 수분 수확기를 개발하고 있다. 공기 중 수분을 수확할 수 있는 기술과 깨끗한 물을 자급자족할 수 있는 다양한 기기나 기구들이 이미 개발되고 있다.

드론 산업

미래에는 비행기를 사람이 운전하지 않고 기기나 리모컨으로 운전한다. 이미 미국에서는 신문, 피자를 비롯해 다양한 택배 물품을 무인 항공기와 경비행기로 배달하고 있다. 미국 4개 주에서는 드론의 영공 사용 허가를 받았으며 다른 나라들도 서둘러 법을 바꾸고 있다.

드론은 현재 크고 무거운 물건을 멀리 옮기는 택배 드론과 카메라를 달고 정찰 및 감시 감독을 하거나 사건·사고 등을 촬영하는 촬영 드론 두 가지가 있다. 그러나 더 깊이 들어가면 우리가 알지 못했던 온갖 종류의 드론이 존재한다. 이런 드론들은 아직 일반화되지 않았지만 곧 우리의 주변에서 쉽게 볼 수 있게 된다. 음식물을 배달하는 드론, 범인을 추적하는 드론, 파티용 조명과 음악을 틀어 주는 파티 드론, 동물을 몰고 다니는 양치기 드론, 군사용 정찰 드론, 고공에서 와이파이 중계를 하는 드론, 병충해 감시 드론, 농약 살포 드론, 영화 촬영용 고공 드론, 셀프 카메라 드론, 도서관 가이드 드론 등 그 수는 셀 수 없을 정도로 많다.

앞으로는 이렇게 많은 드론들을 용도에 따라 분류하고 조종과 교통을 담당하는 전문가가 필요해진다. 드론 표준 전문가, 드론 조종 인증 전문가, 드론 데이터 분석가, 드론 농업 전문가 그리고 드론들이 이동할 때 다른 항공기들과 충돌하지 않도록 하는 드론 교통 최적화 전문가 등의 직업이 새롭게 부상한다.

3D/4D 프린팅 산업

오늘날 3D 프린팅 기술은 수천 가지 서로 다른 산업과 기업에 동시에 적용돼 의약품, 식품, 항생제, 생명공학, 의복과 신발에 이르는 모든 분야에서 활용되고 있다. 2016년 전 세계적으로 31억 달러 규모를 이룬 3D 프린팅 산업은 2020년에는 52억 달러 규모로 성장할 것으로 예측된다. 《와이어드》Wired의 전 편집장이자 세계적인 저널리스트인 크리스 앤더슨Chris Anderson은 "앞으로 3D 프린팅 기술은 인터넷이 세상을 바꿨던 것보다 더 크게 바꿀 것"이라고 말했다.

최근 골드만삭스는 3D 프린팅 기술이 현존하는 기업 환경을 창조적으로 파괴할 8대 기술 중 하나라고 발표했다. 3D 프린터가 일반화되면 기존의 제조업들은 사라진다. 가장 먼저 플라스틱 제품을 제조하는 공장들이 문을 닫는다. 소재는 플라스틱에서 세라믹으로 넘어가 컵이나 다양한 용기를 프린트하게 된다. 또한 빨리 마르는 시멘트로 집을 프린트하고, 금속으로는 자동차 바디를 프린트한다. 3D 프린팅 기술을 처음 선보인 서던캘리포니아 대학교의 베록 코시네비스Behrokh Khoshnevis 교수는 3D 프린팅으로 하루 만에 집을 짓게 되면 슬럼가가 사라지고 재해 후 주택 재건이 쉬워지는 등 도시 문제가 해결될 것으로 보고 있다.

3D 프린트 산업이 발전하면 가장 먼저 3D 잉크 개발자가 중요한 일자리로 부상한다. 특히 생명공학 산업 분야에 사용될 바이오잉크는 3D 세포 프린팅 기술을 이용해 인공 신체 조직을 제작한다. 피부나 조직은 줄기세포나 세포 배양을 통해 프린트하거나 콜라겐 등 특수 잉크를 사용하는데, 현재 수백 가지의 잉크들이 개발되고 있다. 미래에는 이 잉크를 개발하거나 공급하는 사람들이 큰 부자가 된다. 그 외에도 3D 프린터 설계에 대한 정보와 설계 분류, 표준화, 품질 등을 관리할 수 있도록 프린터를 설계하는 설계 엔지니어, 신체 장기 에이전트 등의 직업이 뜬다.

모바일 앱 개발 산업

애플이 2008년 3월 6일 아이폰 소프트웨어 개발 키트를 소개했을 때만 해도 이 발표가 어떤 지각변동을 가져올지 아무도 알지 못했다. 불과 몇 년 만에 앱의 수는 우후죽순처럼 늘어났고 디지털 세계와 물리적 세계는 무서운 속도로 연결되고 있다. 현재 200만 개 이상의 앱을 스마트폰에서 이용할 수 있으며 스마트 슈즈, 스마트 홈, 스마트 카 등 다른 기기들과 연결된 앱들이 우리의 생활을 바꾸어 놓고 있다. 앞으로 중국과 인도, 베트남 등 동남아시아의 앱 시장이 급성장하면서 전 세계 수천억 달러의 시장이 창출된다.

센서 산업

2011년부터 6년 동안 센서는 1,000만 개에서 35억 개(닌텐도 위Wii나 아이폰 등에 장착된 센서들을 모두 합한 수치다)로 늘어났다. '센서의 아버지'로 불리는 페어차일드Fairchild의 이사인 야누슈 브라이젝Janusz Bryzek은 세계 최초로 1조 개의 센서를 달성하기 위한 로드맵을 만들고자 팰로 앨토에서 트릴리언 센서 서미트Trillion Sensor Summit를 개최했다. 여기서 브라이젝은 2020년에는 1조 개의 센서가, 2030년대 중반에 이르면 100조 개의 센서가 존재하는 세상이 되어 센서 분야에서 새로운 일자리 수백만 개가 생겨날 것으로 예측했다.

인공지능을 이용한 암 진단 및 면역 치료 산업

인공지능을 이용한 면역 요법은 환자의 면역 시스템을 훈련시켜 암세포를 공격하게 한다. 이 요법은 건강한 세포까지 같이 죽일 수 있는 화학 요법이나 암세포가 종종 저항력을 갖게 되는 표적 요법보다 훨씬 더 효과적이라고 볼 수 있다. 현재 암 치료의 성공 비율은 20퍼센트 중반에 이르지만 면역 요법은 이를 50퍼센트까지 끌어올릴 수 있다. 2025년까지 면역 요법의 시장 잠재력은 100~150억 달러 규모에 이르며 암 중에서도 폐암에 가장 먼저 적용될 것으로 보인다.

LED 산업

산업용 LED는 일반적인 광원에 비해 세 가지 장점을 가지고 있다.

에너지를 85퍼센트까지 절감할 뿐 아니라 수명이 길고 쉽게 프로그래밍할 수 있다. LED 산업의 매출은 2015년 추산 자료에 따르면 110억 달러에 이르며 향후 5년간 산업용 시장과 상업용 시장에서 약 40퍼센트씩 성장한다. 또한 2020년에는 일반 조명 시장에서 36퍼센트의 루멘시lumen-hour(빛의 양을 나타내는 단위[lm/h]) 점유율을 차지하고 2030년에는 74퍼센트를 차지할 것으로 예측된다.

빅데이터 산업

소셜 미디어, 블로그, 웹브라우징 및 기업의 보안 조치는 막대한 양의 데이터를 생성한다. 이렇게 생성된 데이터는 어딘가에 저장해야 한다. 데이터 시장의 현재 시장 규모는 110억 달러이며 향후 5년간 32퍼센트씩 성장할 것으로 예측된다. 맥킨지 앤드 컴퍼니McKinsey & Company에 따르면 미국에서만 14만~19만 명의 데이터 분석 전문가가 부족한 현상에 직면하고 있다. 앞으로는 빅데이터 분석을 기반으로 의사결정을 하는 기술을 갖춘 관리자와 분석가가 150만 명에 이르게 된다.

사물인터넷 산업

모건 스탠리는 2020년 인터넷에 연결된 사물인터넷 기기가 750억 개가 될 것으로 예측했다. 80억 인구 한 명당 9.4개의 기기를 갖는 셈이다. IBM은 사물인터넷 환경을 처음 구축하는 사람들을 위한 스타터 키트를 공개했다.

풍력발전 산업

지난 몇 년간 풍력발전소가 더 많이 생겨났음에도 불구하고 오늘날 풍력 에너지는 여전히 전 세계에서 생산되는 전기의 일부만을 담당하고 있다. 현재 풍력발전은 전 세계 전기 생산량의 2.6퍼센트 정도를 차지하지만 국제에너지기구의 새로운 보고서에 따르면 앞으로는 이 비율이 크게 증가한다.

대용량 에너지 저장 기술 산업

현재 세계는 거대한 산업이 될 에너지 저장 산업의 초기 단계에 진입하고 있다. 에너지 저장 산업은 전통적인 산업인 발전, 송전, 배전 시스템과 긴밀히 연결되어 향후 10년 동안 새로운 비즈니스 모델을 선도하고 새로운 기업들을 만들어 낼 것이다. 또한 안전한 전력망을 구축하고 비용 대비 효과를 낼 수 있도록 에너지 저장 기술을 적용하고 운영하면서 불필요한 환경적 영향을 줄여 나갈 것이다.

마이크로그리드 산업

전력 저장 장치와 함께 전력 분야는 국가적 전력망에서 마이크로그리드Microgrid(소규모 지역에서 전력을 자급자족할 수 있는 독립형 전력 공급 시스템)로 이전한다. 그렇게 되면 수많은 기회가 발생한다. 먼저 마이크로그리드를 계획하고 설정해 이런 그리드가 자급자족할 수 있고 지속가능하다는 점을 입증해야 한다. 그 후 마이크로그리드가 국가 전력

망과 연결을 끊기 시작하면 국가 전력망이 붕괴된다. 이런 변화는 수십 년에 걸쳐 수만 개의 일자리를 만들어 내게 된다.

초고속 교통운송 산업

미래에는 초고속 교통운송 산업 부문에서 새로운 일자리가 많이 생겨난다. 예를 들면 일론 머스크Elon Musk가 개발한 초고속 진공 튜브 열차 하이퍼루프, 스카이트랜, 제이포드를 비롯해 데릴 오스터Daryl Oster가 개발한 자기부상 진공 튜브 열차 ET3 같은 교통운송 시스템을 들 수 있다. 오스터가 '육상에서의 우주여행'이라고 부르는 초고속 운송 시스템은 시속 6,000킬로미터 이상의 속도를 자랑한다. 이는 세계에서 가장 큰 인프라 프로젝트가 될 잠재력을 가지고 있다. 진공관 방식의 수송은 훌륭한 아이디어일 뿐 아니라 환경적으로도 반드시 필요하다. 이미 배와 항공기는 자연이 정화할 수 있는 속도보다 빠르게 대양과 하늘을 오염시키고 있다. 진공관 수송 시스템은 이 모든 문제를 해결할 수 있을 뿐 아니라 1억 개 이상의 일자리를 창출할 수 있다. 무엇보다 중요한 것은 스스로 상업성을 갖추고 있다는 점이다.

이런 새로운 환경에서 등장할 신개념 일자리들은 다음과 같은 것들이 있다. 먼저 역 설계자Station Architect다. 하이퍼루프나 ET3가 일반화되면 기차역의 디자인도 달라질 수밖에 없다. 기차가 역으로 들어오면 튜브를 진공 상태로 만들어 주는 시스템이 필요하다. 이 외에도 하이퍼루프나 ET3 튜브가 출발할 때 충격을 최소화하는 충격 최소화 전문가Impact Minimizer, 새로운 차량에서 광고를 판매하거나 쇼핑센터를 세우는 등 2차 기회를 개발하는 서비스 업종의 2차 기회 개발자Secondary Opportunity Developers같이 전문성을 띤 새로운 일자리들이 생겨난다.

공유경제 산업

이미 그런 변화의 조짐들이 보이고 있지만 미래에는 거의 모든 물건을 공유하는 시대가 온다. 자동차를 소유하는 게 아니라 우버Uber로 택시를 부르고, 집을 소유하지 않고 빌려 쓰며, 1년에 한 번 사용하는 드라이버나 자전거, 옷, 구두, 주방 도구도 빌려서 쓰게 된다.

공유경제, 즉 어떤 것도 소유하지 않는 무소유 경제가 되면 정보 소스 또한 무료가 되어 수입이 늘어나고 더 많은 사람들이 나누고 협력하게 된다. 이미 SNS 같은 소셜 네트워크를 통해 물건을 사고팔며 빌려 쓰는 현상이 나타나고 있다. 이런 경제에서는 연결되지 않으면 물건을 팔 수도, 빌릴 수도 없다. 따라서 세상은 자연스럽게 공유경제로 이동한다. 그리고 이는 미래 우리의 삶의 형태로 자리 잡아 놀라운 비즈니스 모델을 만들어 낸다.

이런 세상에서는 대형 공장이나 사무실이 필요 없어서 대부분 1인 기업의 형태를 띤다. 2030년에는 지구촌 인구의 90퍼센트 이상이 1인 기업이 된다. 사람들은 각자 1인 기업이 되어 네트워크를 이루고 함께 돈을 벌어서 나눠 쓴다. 이렇듯 개인이 물건을 소유하는 시대가 지나고 서로 물건을 빌려 사용하는 시대가 도래하면 기존의 비즈니스 모델과 일자리는 사라진다. 하지만 새로운 개념의 일자리 또한 생겨난다. 앞으로 기업은 제품이나 서비스를 공유하는, 즉 렌트하는 방식으로 판매 전략을 바꾸게 된다. 그래서 공유하는 제품, 고객, 네트워크를 관리하며 공유하는 물건과 판매하는 물건의 상관관계를 분석하는 기업 공유 관리자Corporate Sharing Manager가 새로운 직업으로 등장한다. 또한 공유할 수 있는 물건인지 아닌지를 판별하는 공유 가능성 감사Sharability Auditor 같은 새로운 일자리도 만들어진다.

스포츠 산업

컴퓨터공학, 바이오 기술 등 다양한 부문의 기술 발전은 무엇보다 스포츠 산업에 가장 많은 영향을 미치게 된다. 스포츠 장비, 훈련 시뮬레이터로 점점 더 엄청난 변화와 기술 개선이 이뤄지고 있으며 수많은 기능 향상 약물과 합법적인 약물, 체력 증강을 위한 다양한 기술이 이미 개발되어 있다. 성능을 향상시키는 장비는 물론 선수의 유전자를 변형시키거나 신체를 리엔지니어링하는 기술도 등장했다.

이런 첨단 기술의 발전에 힘입어 스포츠 산업은 이제껏 상상도 하지 못했던 다양한 신개념 일자리를 탄생시킨다. 시뮬레이션 전문가Simulation Specialist를 비롯해 선수들의 유전자 변형을 통해 기능 향상을 연구하는 유전자 조작 디자이너 및 엔지니어Genetic Modification Designer and Engineer, 나아가 인체의 리모델링에 대한 윤리적 기준을 판단하는 신체 수정 윤리학자Body Modification Ethicist 등 기존의 스포츠 산업에서는 볼 수 없었던 새로운 직업들이 떠오른다.

코인 산업

미래에는 전자화폐, 즉 디지털 화폐로 이뤄지는 통화 및 대체금융 시스템이 금융 산업을 지배한다. 이미 비트코인을 포함해 200여 개의 전자화폐가 사용되고 있으며 많은 사람들이 애플페이, 알리페이, 삼성페이 등 온라인 결제 서비스로 물건 값을 지불하고 있다. 심지어 월급을 애플페이로 넣어 달라는 직원들도 있다.

《화폐 전쟁》의 저자인 쑹훙빙은 그의 책에서 2024년에 세계 단일 통화가 등장해 외환 딜러가 사라지게 된다고 예측한 바 있다. 그리고 이런 변화는 기존의 일자리를 없애고 새로운 일자리를 만들어 낸다. 일단 가상 디지털 화폐 은행과 이를 위한 관리자, 변호사 등이 전망 있는 직종으로 떠오른다. 또한 비트코인을 온라인에서 사용할 수 있게 해주는 디바이스가 도난당하거나 고장이 났을 때 데이터를 삭제 또는 액세스할 수 없도록 해주는 복구 전문가가 앞으로는 더 늘어난다. 디지털 화폐의 일반화와 함께 미래에 가장 각광받을 전문가는 블록체인 전문가다. 또한 통화의 흐름을 파악하고 통화 정책 및 목표 등을 전문적으로 다루는 통화 전략가Currency Strategist가 필요해진다. 더불어 개인 정보보호 관리자와 대출 전술가Lending Tactician 등이 새로운 직업군으로 떠오른다.

바이오 산업

미래에는 인간의 의료 문제 대부분이 단일 세포 또는 작은 그룹의 세포까지 추적하는 방식을 통해 해결된다. 이를 나노 메딕Nano Medics이 라고 하며 진단 시스템, 치료 및 모니터링 솔루션 설계를 모두 나노 수 준에서 작업한다. 따라서 세포 하나를 바꾸거나 DNA를 조절해 의료 수술을 할 수 있는 단계까지 수행할 수 있는 나노 의사가 많이 필요해 진다. 바이오공장 의사, 바이오 개발자, DNA 과학자를 비롯해 DNA 구조를 분석하는 유전자 시퀀서Gene Sequencer, 신체 부위 및 장기 생산 업자 등이 유망 직종으로 떠오른다. 그중에서도 생명체를 다루는 바 이오 공장은 자연에서 배양하거나 석유화학 기술로 제조하기에는 너 무 까다롭고 비용이 많이 드는 물질을 만드는 새로운 프로세스를 갖 고 있다. 앞으로 바이오 공장이 생산수단으로 발전하면 화학 산업은 물론 경제 전체가 바뀔 것이다. 이미 수백 개의 제품이 생산되고 있다.

마이크로 칼리지

수 세기 전에 정립된 대학 시스템은 오늘날 첨단 기술 기준에서 보 면 상당히 원시적이다. 현재 대학에서는 모든 학습이 시간 단위로 이 뤄지며 재능을 평가하는 방식도 비효율적이다. 또한 비용이 너무 많이 들고 시간이 너무 오래 걸린다. 반면 마이크로 칼리지는 특정 직업에 바로 진입해 능력을 발휘할 수 있는 최소한의 훈련을 집중적으로 하 는 고등 교육 시스템이다. 이제는 기술의 발전으로 매년 수백만 명이

전직해야 하는 시대다. 기존의 대학은 새로운 기술을 짧은 기간 안에 효율적으로 훈련시키지 못한다. 앞으로 마이크로 칼리지에서 짧은 기간 동안 신속하게 배운 기술로 새로운 기회를 얻고자 하는 수요가 늘어난다.

스마트 주택 산업

프로그래밍이 가능한 주택은 아직 초기 단계다. 그러나 이를 보완하는 세 가지 트렌드가 나타나고 있다. 첫째는 스마트폰 혁명이고 둘째는 낮은 전력 수요와 낮은 가격, 높은 신뢰성을 갖춘 무선통신 기술이다. 그리고 셋째는 자동화된 제조 기술에 따른 낮아지는 장벽이다. 이 세 트렌드가 합쳐져 향후 10년 내에 주택 안에는 인터넷에 연결된 기기들이 대량으로 보급된다.

고령 친화 산업

저출산과 더불어 고령 인구가 증가하면서 이들을 위한 산업이 빠르게 성장할 전망이다. 노인들에게 가장 필요한 간병과 의료 산업은 물론 식품, 여행, 주택, 농업, 장례에 이르기까지 다양한 산업이 발전하며 대부분은 IT 기술과 융합되어 수준 높은 서비스를 지원하게 된다. 특히 간병인을 대신할 간병 로봇이 인력난 해소의 해법으로 부상하면서 이와 관련된 산업이 주목을 받는다. 그리고 장수 시대를 대비해 고령자도 취미와 기호를 살려 여생을 보낼 수 있도록 하는 산업이 부상한다. 추억의 장소나 고향을 찾는 여행 산업, 고령자의 편의와 기호를 반영한 주택 리폼 산업, 인생의 마무리를 잘하기 위한 라이프 엔딩 산업 등이 매력적인 시장으로 떠오르면서 관련 일자리들이 많이 생겨난다.

택배 산업

당일 배송 산업은 갈수록 치열해지고 있다. 아마존, 구글, 이베이는 지역 내 당일 배송을 제공하며 포스트메이츠Postmates, 딜리브Deliv, 태스크래빗TaskRabbit, 운운WunWun 같은 기업들도 제한된 시장 내에서 당일 배송 서비스를 제공한다. 당일 배송은 예전에는 프리미엄 가격으로 진행됐으나 이제는 똑같은 표준 가격에서 서비스되며 수요도 증가하고 물량도 늘어나고 있다.

24시간 도시를 위한 산업

자동화의 길을 따라가다 보면 사실상 모든 도시는 24시간 편의점, 24시간 도서관, 24시간 은행뿐 아니라 24시간 문을 여는 교회, 학교, 영화관, 바, 레스토랑, 쇼핑센터를 갖추게 된다. 이에 판매 노동자를 대체할 기계들이 등장하고 24시간 운영되는 회사에서 일할 새로운 직업들이 창출된다.

지금 주목해야 할
혁신 기업 12

오늘날 인류가 안고 있는 가장 큰 문제인 기아, 교육, 주택 등의 문제에 실리콘밸리의 정신을 적용하려고 하는 수백 개의 스타트업들이 생겨나고 있다. 이런 기술 스타트업들이 가지고 있는 '더 나은 세상을 만들겠다'는 집착은 때로는 오해를 불러일으키기도 하지만 미래에 대한 희망적인 태도와 명확한 비전 및 이미지를 가진 기업들만이 세상을 바꾼다는 점만은 틀림없다.

다음 소개할 12개의 혁신 기업들이 얼마나 큰 성장을 보여 줄 것인지 아니면 붕괴될 것인지에 대해서는 아직 논의의 여지가 있다. 하지만 이 기업들은 미래를 내다보고 세상을 변화시키며 미래를 실제적으로 바꿔 나가기 위해 노력하고 있다.

안델라Andela

2014년 설립된 안델라는 아프리카 케냐와 나이지리아에서 청년들에게 코딩을 가르치고 구글, IBM, 페이스북, 마이크로소프트 등 다국적기업에 일자리를 알선해 주는 스타트업이다. 전통적인 교육의 기회가 취약한 아프리카에서 학생들에게 일할 수 있는 기회를 제공하고 개발자가 부족한 미국 IT 기업에게는 수준 높은 개발자를 연결해 주고 있다.

오큘러스 VROculus VR

페이스북이 23억 달러(약 2조 5,000억 원)에 인수할 정도로 VR 업계의 선두주자로 떠오른 가상현실 기기 전문 업체 오큘러스 VR은 사람들이 세상을 경험하는 방식을 바꾸고 있다. 몰입형 3D 가상현실 경험은 게임과 교육, 엔터테인먼트 등 수많은 부문에 영향을 미치는 중이다. 현재 3D 헤드셋은 게임과 산업용 애플리케이션 정도에만 사용되고 있지만 조만간 다른 애플리케이션으로 확장될 예정이다.

매직 리프Magic Leap

2018년 이후부터는 증강현실이 가상현실보다 큰 영향력을 발휘할 것으로 전망되면서 증강현실 스타트업 매직 리프도 기업가치가 45억 달러에 이를 만큼 차세대 혁신 기업으로 주목 받고 있다. 현재 오큘러스와 마찬가지로 게임, 학습, 창의력, 엔터테인먼트의 수요를 충족시키기 위해 헤드마운티드 디스플레이Head Mounted Display, HMD(머리 부분 탑재형 디스플레이 장치)를 개발하고 있다. 또한 가상의 객체를 현실세계의 물체처럼 구현하는 포토닉스 라이트필드Photonics Lightfield 기술이 증강현실 단말기와 다양한 분야의 서비스에 활용될 수 있는 가능성을 제시하고 있다.

엑시트 라운드Exit Round

엑시트 라운드는 스타트업 창업자를 위한 온라인 마켓플레이스다. 회사 매각을 원하는 창업자와 매수자를 연결한다. 회사가 가진 기술과 인력, 서비스 경쟁력을 등록하면 엑시트 라운드가 관심 있는 기업을 서로 연결하고 기술과 회사에 대한 매각 협상이 시작된다. 엑시트 라운드의 목적은 스타트업 연착륙을 위한 서비스에 있다.

프로테우스 디지털 헬스Proteus Digital Health

디지털 의료 스타트업인 프로테우스 디지털 헬스는 스마트 알약smart pill의 핵심인 '소화 가능한 센서'를 개발하는 회사다. 이 알약에 들어 있는 센서를 통해 의료진은 실시간으로 환자를 모니터링할 수 있다. 미국과 유럽에서 시험되고 있는 스마트 알약은 스마트폰으로 전파를 보내고 데이터를 클라우드로 전송한다. 센서는 소화가 가능하며 환자가 먹는 약에 부착할 수 있도록 작은 모래알 크기로 되어 있다. 정보 전달을 완료한 센서는 환자의 몸속에서 자연스럽게 소화된다.

코인베이스Coinbase

2012년 설립된 미국 최대의 비트코인 중개소인 코인베이스는 '포스트 뱅킹'의 현재와 미래를 보여 준다. 코인베이스는 입출금이 가능한 비트코인 계좌로서 안전한 금융거래와 디지털 통화의 저장 기능을 제공한다. 뉴욕 증권거래소, USAA 은행 등 다양한 투자자들로부터 1억 600만 달러의 투자를 받아 미국 최초로 금융 당국의 허가를 받은 거래소가 되었다. 최근에는 일본 최대 은행인 미쓰비시로부터 출자를 받으면서 아시아 사업 확대를 위해 약 1,050만 달러(약 121억 원)를 조달할 계획을 밝히기도 했다.

칼리코Calico

칼리코(캘리포니아 라이프 컴퍼니)는 구글 알파벳의 자회사로 최고 권위의 유전학자, 분자 생물학자, 의사들이 포진해 있는 바이오 기업이다. 미국의 거대 제약회사 애브비AbbVie Inc.와 연구개발 파트너십을 체결하고 장수에 대한 연구를 진행하고 있다. 캘리코의 생명 연장 어젠다에는 암과 신경퇴행 치료제도 포함되어 있다.

PK 클린PK Clean

PK 클린은 플라스틱을 연료로 바꾸는 사업을 시작으로 매립지를 없애려는 비전을 가지고 있다. PK 클린의 목표는 전체 지구를 네트 제로(소비 에너지와 신재생에너지 발전량의 합이 0이 되는 것을 의미)로 만드는 것이다. 이 회사는 플라스틱을 귀중한 에너지원으로 활용하여 자연 분해가 되지 않는 폐기물을 처리하는 것에 중점을 두고 있다. 현재 콜로라도 주의 플라스틱 폐기물을 수집하고 재활용하기 위해 대형 재생업체인 로키 마운틴 리사이클링과 협력하고 있다.

앰브리Ambri

미국 매사추세츠 공과대학MIT에서 분사한 기업인 앰브리는 전력 계통에 사용하기 위한 액체 금속 배터리 기술liquid metal battery technology의 상업화를 목표로 사업을 추진하고 있다. 각각의 셀은 밀도 차이와 액체가 혼합되지 않는 성질에 기초해 2개의 금속과 1개의 염salt으로 이루어진 3개의 자체 분리 액체층으로 구성된다. 이 시스템은 충전과 방전이 이뤄지는 동안 자체 가열로 높은 온도를 유지하며 작동한다. 앰브리 배터리는 몇 년 동안의 사용에도 견딜 수 있으며 심지어 10년을 사용한 후에도 거의 100퍼센트의 용량을 가지고 있다. 앞으로 모바일 사회에서는 배터리 소모와 교체를 줄이는 것이 중요한 이슈가 된다.

유바이옴uBiome

스타트업인 유바이옴은 세계 최초의 장내 미생물 시퀀싱 검사인 스마트것SmartGut을 출시했다. 고객이 식성, 체중, 질병 유무, 수면 정도 등 건강 상태에 대한 다양한 질문에 답변하고 나서 89달러짜리 키트에 대변을 담아 보내면 자신의 장내 미생물에 대한 정보를 받아 볼 수 있다. 그리고 유바이옴은 이렇게 수집한 데이터를 건강 상태와 미생물군 집과의 상관관계를 분석하는 데 이용한다. 그리고 향후 연구 결과를 토대로 고객의 건강을 위한 제안을 해주거나 유익균을 이용한 프로바이오틱스probiotics 제품 등을 개발하는 것이 목표다. 이 회사의 슬로건은 '당신의 박테리아를 사랑하라!'이다.

인실리코 메디슨Insilico Medicine

인실리코 메디슨은 인공지능 기술을 기반으로 한 제약 회사다. 인공지능의 알고리즘을 이용하여 신약개발 후보군 827개를 라이선스 받은 바 있다. 인공지능을 이용한 최초의 알약인 건강기능식품 '늙지 않는 약'Ageless Cell은 이미 라이프 익스텐션LifeExtention이라는 기업에서 생산, 판매하고 있다. 현재는 노화 연구에 획기적인 변화를 가져올 '젊게 만드는 크림'Ageless Cream을 개발 중이다.

오픈 위스퍼 시스템즈Open Whisper Systems

오픈 위스퍼 시스템즈는 엄밀히 말하면 회사가 아닌 해커 집단이다. 이 조직은 강력한 암호화 기술을 적용한 모바일 메신저 '시그널'Signal의 데스크톱용 공개 베타버전을 구글 크롬 앱스토어를 통해 배포했다. 시그널은 중간에 다른 사람들이 메시지를 훔쳐보지 못하도록 '종단 간 암호화'E2E라고 불리는 기술을 적용했다. 메시지를 주고받는 당사자들 외에는 내용을 확인할 수 없도록 만든 것이다. 최근 10억 명의 사용자들이 있는 모바일 메신저 왓츠앱WhatsApp도 오픈 위스퍼 시스템즈와 협력하여 시그널에 사용된 E2E 암호화 프로토콜을 적용하고 있다. 이처럼 프라이버시나 내부 고발자들을 보호하기 위해 모바일 메신저에 강력한 암호화 기술을 탑재하려는 시도들이 늘어나고 있다.

위에서 언급한 혁신 기업들에서 주목할 점은 '죽음을 막으려는 도전' 또는 '폐기장을 없애려는 비전' 등 강력한 미래의 비전을 가지고 있다는 점이다. 이와 같은 미래 지향적 특성은 이들 회사에 전략적 우위를 부여한다. 죽음이 없는 사회, 쓰레기가 없는 세상과 같은 명확한 미래 이미지를 가진 기업만이 세상을 바꿀 수 있다.

제1장

미래의 사회를 전망하다

'풍요의 시대'는 위기이자 기회다

01
고령화와 인구 절벽이
가져올 변화

한국 사회에 불어닥친 인구 감소 현상

우리나라의 인구 문제는 세계에서 가장 심각하다. 통계청이 발표한 〈2016 한국의 사회지표〉를 보면 2016년 한국 총인구는 5,125만 명으로 집계되었다(세계 27위). 인구 증가율은 1961년의 3.01퍼센트에서 2015년 말 기준 0.38퍼센트로 하락했다. 2032년에는 5,200만 명을 정점으로 마이너스로 전환될 전망이다.

저출산으로 인한 인구 감소와 고령화로 인한 사회 활력 감소는 개

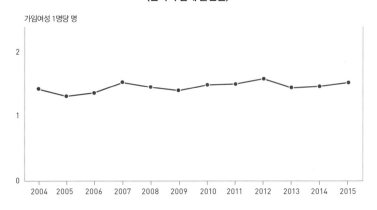

〈한국의 합계 출산율〉

가임여성 1명당 명

출처: 통계청

인, 기업, 사회, 일자리, 국가 등 모든 차원에 영향을 미친다. 그중 저출
산의 원인은 문화, 경제, 인구구조적 요인 등 다양하며 결혼과 자녀에
대한 가치관의 변화도 포함된다.

현재 우리나라의 합계출산율은 1.25명이며(2015년 통계자료 기준) 이
수치는 전 세계 224개국 중 220위에 해당하는 아주 낮은 수준이다.
2012년 1.30명까지 오르면서 잠시 반등했지만 이후 계속 하락하고 있
으며 다시 반등할 기미가 보이지 않고 오히려 더 떨어질 것으로 보인
다. 아이를 낳는 나이가 계속 높아지는 점은 출산율 반등 전망을 어둡
게 한다. 2016년 첫아이를 출산한 여성의 평균 연령은 31.2세까지 올
라갔다.

고령화 역시 중요한 인구 문제로 대두되고 있다. 우리나라의 경우

고령화 사회로 이동하는 속도가 매우 빨라서, 대부분의 선진국이 고령화 사회에서 초고령 사회로 진입하기까지 80년 정도가 소요되는 데 비해 우리는 26년 만에 진입할 전망이다. 고령 인구 비중은 2015년에는 13.1퍼센트(세계 51위)였지만 2060년에는 40.1퍼센트(세계 2위)로 높아질 것이다. 고령화의 주요 원인은 의료 기술의 발달 등으로 기대수명이 증가한 데 있다.

고령화가 미치는 사회적·경제적 영향

고령화가 미칠 영향 중 가장 먼저 살펴볼 수 있는 것은 공급 측면이다. 인구구조는 노동 투입에 직접적인 영향을 미친다. 저출산과 고령화는 생산가능인구를 감소시켜 경제의 총 공급 규모를 축소시킨다. 그리고 고령화는 생산가능인구 자체의 고령화도 유발해 노동생산성에도 영향을 미친다. 경제 전체로 보면 부양인구 비율이 1퍼센트포인트 상승할 경우 경제성장률은 0.25~0.29퍼센트포인트 하락하는 것으로 추정된다. 두 번째는 수요 측면이다. 인구의 총량적 변화와 유사하게 연령별 소비 패턴에 따라 분야별 소비도 다양하게 변화한다. 고령 인구가 증가하면서 의료와 건강 분야 등 '고령 친화 산업'의 소비는 증가하지만 보육과 육아 등 유소년 관련 시장은 축소된다.

재정적 측면에서 바라보자면 고령화에 따른 경제성장률 하락으로

세입 감소는 불가피하다. 반면 고령자가 증가하면서 건강, 의료, 복지 등 사회보장지출은 증가한다. 시뮬레이션 결과에 따르면 고령층에 대한 부양비가 5퍼센트 증가할 경우 전체 재정수지는 연평균 GDP 대비 0.4퍼센트 정도 악화된다.

인구 고령화로 노동 공급이 감소하고 생산성이 하락하면 노동집약적 산업은 부정적 영향을 받지만 자본집약적 산업은 상대적 자본 가격의 하락으로 유리한 여건이 형성될 수 있다. 그래서 건강, 의료, 복지 분야는 비중이 늘어나 고급화, 다양화되며 서비스 산업은 확대되고 제조업은 축소된다.

또한 개인적으로 겪는 문제를 빼놓을 수 없다. 장수에 따른 리스크가 증가하면서 사회적 불안감이 확대된다. 노부모와 배우자에 대한 부담이 증가하고 노령 인구의 빈곤과 고립 우려가 커진다. 고령화에 대응하는 지원 시스템이 얼마나 갖춰지는가에 따라 장수는 축복이 될 수도, 위협이 될 수도 있다.

이렇듯 저출산과 고령화는 공급 측면에서는 노동과 자본의 투입을 감소시키고, 생산성을 떨어뜨려 잠재성장률에 부정적 영향을 미친다. 그 영향은 복합적으로 나타나겠지만 인구 문제가 경제에 미치는 부정적 효과를 줄이기 위해 종합적인 대책과 정책이 필요하다. 차기 정부는 노동 정책을 비롯해 기술과 제도 개선, 출산, 유입 이민 장려 등의 정책을 꾸준히 추진해 인구구조의 안정화를 도모해야 한다.

고령화 시대의 새로운 산업과 일자리

본격적인 초고령화 사회로 진입하게 되면 다음과 같은 새로운 산업과 일자리가 생겨난다. 고령 친화 산업은 미국과 유럽, 아시아 국가 중에서는 일본과 한국에서 장기적으로 꾸준히 증가할 전망이다.

- 스마트 간병 및 의료 산업: IT를 활용한 스마트 간병, 의료 산업 분야에 주목할 필요가 있다. 24시간 방문 돌봄 서비스의 도입으로 고령자 한 명을 담당하는 간병 인원이 늘어나면서 고객 정보를 공유하고 이를 활용하는 IT 산업의 변화가 감지되고 있다. 이에 따라 클라우드형 간병, IT 간병 기록 서비스 등 재택 돌봄 산업과 스마트폰의 보급이 어우러진 새로운 IT 산업이 등장한다.
- 간병 로봇 산업: 육체적 부담을 완화하고 장기간 근무할 수 있는 환경 조성이 과제가 되면서 '서비스 로봇'의 활용이 인력난 해소를 위한 해법으로 부상한다. 로봇은 간병 산업 종사자의 시간적 제약과 육체적 부담을 완화하기 위한 보조 수단이 된다.

고령 환자의 이동을 돕는 목적으로 만들어진 일본의 노인 간병 로봇 로베어Robear

저출산, 고령화 구조로 간병 인력을 확보하기 위한 비용이 증가하고 이것이 고스란히 고령자의 부담으로 전가되는 것도 로봇이 대안으로 떠오르는 이유다.

- 고령자 식품 산업: 요양원이나 병원 같은 시설에 국한되어 사용되던 고령자용 식품이 개인의 식탁으로 이동하고 있다. 식품 업계는 일반 가정에 거주하는 고령자 개개인을 위한 식품 개발 연구를 진행하고 있다. '형태는 그대로이되, 먹기는 편하게' 개발된 식품은 현재 대부분 병원이나 간병 시설에서 사용되고 있지만 재택 간병 수요의 증가로 가정에서도 이용할 수 있는 식품 수요가 대폭 늘어날 전망이다. 부드러움이 중요 요건인 이런 식품은 식욕을 충족시키기 위해 일반 식품과 동일한 형태로 만드는 것이 관건이며 부드러움의 정도를 포장에 표시하여 판매하게 된다.

- 실버 여행업: 신 고령 세대를 겨냥한 프리미엄 여행 및 간병 여행이 개발되고 있다. 체력이 저하되거나 신체 기능이 자유롭지 못한 고령자도 여행을 즐길 수 있는 '배리어 프리'barrier free (고령자나 장애인도 살기 좋은 사회를 만들기 위해 물리적·제도적 장벽을 허무는 운동) 간병 여행이 기획, 판매된다. 간병인 자격을 보유한 외출/여행 전문가가 이용자의 여행 계획 수립부터 간병 지원까지 담당한다. 그리고 추억의 장소나 고향 찾기 등 '살아갈 보람을 느끼는 외출', '가까운 지인들과의 인연을 깊게 하는 여행' 등 각종 여행 상품이 개발된다.

- 라이프 엔딩 산업: '인생의 마무리를 우아하게'라는 모토로 생의 마지막을 보내는 방법과 관련된 산업이 등장한다. 고령화로 혼자 사는 고령자의 고독사가 증가하는 등 인간관계의 단절 현상이 뚜렷하게 나타나면서 생의 마지막을 부양할 필요성과 사회적 책임이 증대된다. 이에 가족에 대한 사랑, 인생의 마무리를 생각하게 해주는 라이프 엔딩 산업이 주목을 받고 관련 일자리가 많이 창출된다.

- 고령자 전용 주택 및 리폼 산업: 실버 주택 수요가 늘어나면서 관련 산업이 매력적인 시장으로 부상하게 된다. 본인의 취미와 기호에 따라 공간을 활용하고 노령 인구의 편의성 증대를 목적으로 한 주택 리폼 수요가 증가한다. 민간 사업자들도 배리어 프리를 실현한 주택 공급을 늘리고 정부도 민간 사업자를 통해 고령자를 위한 임대주택 공급을 장려하게 된다.

- IT 농업: 고령화에 따른 농업 기반의 붕괴로 IT와 농업의 융합을 통한 경쟁력 향상을 모색하게 된다. 클라우드 컴퓨팅 기술을 활용해 강수량, 온도 변화, 토양 등의 데이터에 기초한 관리 시스템을 도입한다. 그리고 농장 간 거리가 떨어져 있어도 효율적인 영농이 가능해지도록 농장 정보 계측망의 규격화를 도입하게 되고 이에 따라 농업 관련 데이터, 농기계 가동 데이터 분석 등 노령 농가 지원 산업이 부상한다.

세계는 점점 고령화 사회로 이동하고 있다. 기술의 기하급수적 발달과 여기서 비롯된 풍요로운 사회는 앞으로 이들 고령 인구의 질 높은 삶을 위한 기반이 될 것이다. 인간의 노동은 로봇과 기계로 대체되고 노인을 위한 산업과 서비스가 증가하게 된다. 이런 흐름 속에서 우리나라는 더욱 급격한 변화를 맞이할 것이다. 한국은 이미 출산율의 급격한 저하와 고령 인구의 증가로 세계에서 가장 빠르게 고령화되고 있다. 이런 변화에 대응하기 위한 사회적인 인식 전환과 정부의 정책이 시급한 시점이다.

02
누구나
기본소득을 받는 세상

기술적 실업과 기본소득

2030년에는 현존하는 일자리 중 거의 절반이 사라진다. 로봇은 앞으로 수십 년 동안 수백만 개의 일자리를 없앨 것이다. 그렇게 되면 우리는 어떻게 생계를 유지할까? 어떻게 돈을 벌 수 있을까? 미래의 현실로 다가올 절박한 빈곤과 사회 붕괴를 피하기 위해서는 '기술적 실업'technological unemployment 현상에 대처해야 한다. 그 해법의 하나로 제시되고 있는 것이 기본소득이다. 우리는 미래에 기본소득 보장이 왜 불가피한지, 수많은 일자리가 사라진 미래에 이것이 어떤 역할을 할 것인지 알아야 한다.

옥스퍼드 대학교 마틴 스쿨의 칼 베네딕트 프레이Carl Benedikt Frey 교수는 앞으로 20년 안에 미국 내 현존하는 직업의 47퍼센트가 위험에 처할 것이라고 추정했다. 이 수치는 최근 맥킨지 앤드 컴퍼니의 조사로 확인되었다. 맥킨지 앤드 컴퍼니는 머신 러닝, 인공지능, 로봇공학, 3D 프린팅 같은 기술이 기하급수적으로 발달하면서 오늘날 일자리의 45퍼센트가 자동화될 것이라고 보고했다. 이를 '기술적 실업'이라고 한다. 이런 현상은 공장 노동자, 농부, 의사, 변호사 등 전통적인 직업 대부분에 영향을 줄 수 있다. 특히 개발도상국에서는 그 영향이 더욱 심각할 것이다.

기술적 실업이 전 세계 경제와 생활 전반에 미칠 영향은 다양하다. 미래학자 레이 커즈와일Ray Kurzweil과 벤처 투자가 마크 안드레센Marc Andreessen은 지금의 일자리들은 사라지지만 기술을 통해 전혀 새로운 일자리가 창출된다고 말한다. 다른 전문가들 역시 기술적 실업이 사회에 엄청난 붕괴를 가져올 것이라고 예측한다. 하지만 일부 미래학자들에 따르면 먼저 생활비의 획기적인 하락이 이뤄진다. 그 후 보편적 기본소득Universal Basic Income, UBI이 확대되면서 사회가 기술적 실업에 적응하는 시기를 거친다. 즉, 기본소득은 일자리가 사라진 시대에 생계를 유지하고 사회를 안정시키기 위한 필수 조건이 된다. 이를 예측한 몇몇 국가들에서는 이미 기본소득제도를 실험하고 있다.

세계의 기본소득 실험

보편적 기본소득은 다른 소득 수단에서 받는 수입 외에 정부나 공공기관이 국가에 소속된 모든 시민에게 일정한 돈을 정기적으로 제공하는 정책이다. 오늘날 보편적 기본소득은 핀란드를 비롯해 네덜란드, 캐나다, 프랑스 등 세계 곳곳에서 실험되고 있다(프랑스에서는 여러 의원들이 보편적 기본소득 실험을 지원한다). 지난 10년 동안 8개국 이상이 공식적으로 보편적 기본소득제도를 실험하고 있다.

현재 실험 단계에 있는 기본소득제도는 언제쯤 보편적인 제도로 자리 잡을까? 기본소득은 과연 경제에 도움이 될까? 기본소득제도는 대한민국 대선 주자의 주요 공약으로 떠오를 만큼 전 세계 정치, 경제, 사회의 뜨거운 화두가 됐다. 세상에 활력을 가져올 유일한 대안이라는 의견에서 이런 보조금이 시장 기능을 왜곡하고 비효율성을 증가시킨다는 의견까지, 거센 논쟁이 이뤄지고 있다.

기본소득제도를 옹호하는 사람들은 기본소득이 추가 소득에 상관없이 지급되기 때문에 빈곤을 감소시킬 수 있는 포괄적 전략의 핵심이라고 말한다. 사실 미래를 내다보면 이 제도를 시행할 수밖에 없다. 나날이 늘어나는 부의 집중 현상, 기술적 실업의 무서운 전망을 감안할 때 사회와 경제의 붕괴를 막기 위해서는 기본소득제도가 필수적이다. 문제는 하느냐 마느냐가 아니라 '얼마나 빨리 하는가'다.

핀란드는 2017년 1월 1일부터 기본소득을 지급했다. 모든 국민에게 매달 약 70만 원을 조건 없이 주는 정책이다. 실시한 지 6개월여가 지난 지금 이 과정을 지켜보는 세계의 관심은 여전히 크다. 네덜란드의 위트레흐트, 캐나다의 도핀, 아프리카의 나미비아 일부 지역 등에서 제한적인 기본소득제도를 도입한 적은 있지만 전국적으로 기본소득을 지급하는 정책을 실제로 운영하는 것은 유럽에서 핀란드가 처음이기 때문이다.

이번 시험 운영은 기본소득이 보장되면 실업률을 낮출 수 있는지를 판단하기 위해 기획됐다. 그 내용을 보면 핀란드 사회보장국KELA은 복지 수당을 수령하는 생산가능인구 중 2,000명을 무작위로 선발해 아무 조건 없이 월 560유로(약 71만 원)의 기본소득을 지급한다. 여기에는 세금이 부과되지 않으며 대상자로 노령연금 수령자나 학생들도 포함된다. KELA는 "시험 운영의 주요 목표는 고용 증진과 관련돼 있다."며 "기본소득 지급으로 현 사회보장제도를 간소화할 수 있는지도 판단할 계획"이라고 밝혔다.

대표적 복지국가로 거론되는 핀란드의 실업률은 2016년 초 9퍼센트를 넘어 역대 최고 수준으로 치솟았다. 분석에 따르면 실업 상태에서만 제공되는 복지 수당을 포기하지 않기 위해 저임금 임시직을 꺼리는 사람들이 있어 실업률이 낮아지지 않는 것으로 나왔다. 핀란드 정부는 기본소득 지급을 통해 국민들이 이런 '인센티브의 함정'에서 벗어나 결국 일자리로 돌아가리라고 예상하고 있다. KELA는 기본소득이 지급되지 않은 통제집단도 함께 구성해서 두 집단의 비교를 통해 기본소득의 실효성을 평가할 계획이다. 모든 국민에게 일정한 금액을 지급하는 기본소득은 유하 시필레Juha Sipila 총리가 15개월 전 집권하며 내세웠던 공약이기도 하다. 한국에서도 이재명 성남 시장이 기본소득을 주요 공약으로 내세우며 이에 대한 논의가 수면 위로 올라온 바 있다.

성장과 안정을 위한 합리적 선택

본질적으로 기본소득은 사람들이 합리적인 생활을 할 수 있게 해주고 장기적으로 국가와 경제성장에 도움이 된다. 기존의 시장 논리에 의존해 온 기업들은 사회가 지금처럼 계속될 경우 위험을 감수할 준비를 해야 한다. 구조적으로 불평등한 사회는 지속될 수 없고, 불평등에 따른 폭동이나 비도덕적 행동이 인류의 생존에 어떤 위기를 가져올 것인지 자각해야 한다. 정부 역시 21세기에 알맞은 세계를 구축하도록 복지 정책을 개선해야 한다.

기본 생활이 보장된 사람들은 자신감을 갖고 스스로 자유롭게 살아갈 뿐 아니라 친구, 가족, 이웃과도 잘 지낸다. 미래에는 프레카리아트precariat(불안정한 고용 및 노동 상황에 놓인 비정규직, 파견직, 실업자, 노숙자들의 총칭. '불안정한 프롤레타리아'라는 뜻으로 신자유주의 경제 체제에서 등장한 신노동자 계층을 말한다)가 더욱 늘어나는데 이들에게 기본소득을 제공해야 국가생산성과 경제활동이 늘어난다.

기본소득제도 반대론자들의 주된 논리인 기본소득이 노동 공급을 감소시킨다는 주장은 사실이 아니다. 한 예로 인도에서는 6,000명 이상의 남자와 여자, 아이들에게 18개월 동안 기본소득을 지급하고, 그렇지 않은 집단과 비교해 무슨 일이 일어나는지 관찰했다. 그리고 그와 같은 실험이 미국, 캐나다, 여러 유럽 국가들에서도 실시됐다. 이 실험의 결과는 단순했다. 사람들은 기본소득으로 안정감을 느꼈고, 그런 안정감을 얻은 이들은 더 열심히 일해야 한다고 결심했으며 자연히 생산성도 더 높아졌다. 그리고 타인을 대하는 태도가 전보다 부드러워지고 자원봉사 활동도 더 많이 하는 경향을 보였다. 기본소득은 소득 불평등을 어느 정도 줄이는 것뿐 아니라 개인의 협상 능력을 강화해 착취에 대한 압박감을 해소시킨다. 또한 기본소득을 받음으로써 갖는 안정감은 자신과 다른 사람들에 대한 관용을 불러일으킨다.

이렇듯 기본소득의 이미지는 대부분 긍정적이지만 시행에 따른 복잡한 측면도 분명히 존재한다. 아직 불분명한 질문들이 많이 남아 있다. 추가로 소요되는 예산은 어디서 나오는가? 이 제도가 갈등을 일으킬 요소는 무엇인가? 기술 혁신과 자동화의 발전 속도를 고려할 때 정부가 신속하게 대응할 수 있는가? 기본소득제도가 기술적 실업의 실질적인 해결 방법이 될 수 있는가? 그렇지 않다면 로봇과 인공지능의 세계가 도래해 노동을 재분류하는 시점에서 인류는 격렬하고 폭력적인 시대를 거쳐야만 하는가?

물론 보편적 기본소득이 우리 사회의 모든 악을 몰아낼 만병통치약은 아니다. 그러나 현재로서는 인간에게 기본적인 안정감을 제공하고 소득 불평등을 감소시킬 유일한 방법임에는 틀림없다. 구조적 불평등이 증가하면 그만큼 사회의 불만과 비도덕적 행동이 증가한다는 사실을 깨달아야 한다. 우리 모두가 삶의 존엄성과 자유, 자기 통제력을 주장할 수 있는 사회를 만들고자 한다면 변화는 반드시 필요하다.

　가까운 미래에 기술이 전통적인 일자리들을 없애고 새롭고 엄청난 부를 창출하면 전 세계에 보편적 기본소득제도가 적용되는 것은 시간문제다. 즉, 시기의 문제이지 가부의 문제가 아니라는 말이다. 보편적 기본소득은 많은 사람들이 열정과 창의력을 발휘하며 고차원적으로 자신의 시간을 소비할 수 있도록 만들어 준다. 이것이 제대로 실현될 때 우리는 진정한 풍요의 시대로 한 걸음 더 가까이 다가가게 된다.

03
생활비의 무료화로
달라지는 산업 풍경

기술의 발전과 노동 개념의 혁신

인류의 역사는 가히 '노동의 역사'라고 해도 과언이 아니다. 인류는 태초부터 생존을 위해 끊임없이 노동을 해왔다. 노동의 형태가 기술의 발전에 따라 그 형태를 달리했을 뿐이다. 원시시대 사람들에게 '일자리'는 없었다. 일을 하는 대가로 월급을 주는 그런 일자리는 존재하지 않았다. 그러나 엄청난 '일거리'는 항시 눈앞에 있었다. 식량을 얻기 위해 사냥을 하고, 집을 보수하고, 농사를 짓고, 적으로부터 부족을 지키고, 아이들에게 농사짓는 법을 전수하는 등 해야 할 일거리는 끝이 없었다.

농경시대가 도래하고 농사 기술이 발달하면서 사람들은 대규모 농사를 짓게 됐고 이때 품앗이라는 새로운 노동 형태가 탄생했다. 땅이 없는 사람들은 노동으로 필요한 것을 얻을 수 있는 '일자리'를 찾아 나섰다. 그러나 인간의 노동보다는 기구나 동물 같은 노동 조력자가 더 수요가 많았다. 산업시대가 되면서 도시에는 거대한 공장이 들어섰고 사람들은 기계나 제품을 팔았다. 공장에서 대량생산한 물건들이 전국 방방곡곡에 팔리면서 처음에는 사람이 가져다가 팔았던 것이 가게와 백화점, 대형 마트가 그 역할을 대신하게 되었다.

정보화 시대로 들어서면서는 공장이 아니라 컴퓨터와 관련된 일자리가 생겨났다. 컴퓨터 프로그램, 솔루션, IT 기술 등 실질적인 물건 외에 지적 자산이나 데이터 등도 팔 수 있는 '제품'이 되기 시작했다. 이때부터는 인터넷 접속이 돈이 되었고 많이 접속할수록 실제로 성공하는 시대가 되었다.

그렇다면 우리가 흔히 제4차 산업혁명이라고 부르는 후기정보화 시대, 즉 의식기술conscious-technology 시대는 어떨까? 후기정보화 시대는 뇌공학, 인지공학, 의식기술을 판매하는 시대다. 인공지능이 대세가 되고 최대 부가가치 산업이 된다. 인공지능 로봇들이 인간을 능가하는 지능을 갖고 더 빠른 전산 능력과 분석 능력을 제공한다. 물건들은 공유와 협업 경제 속에서 플랫폼에 올려서 판다. 우리가 알던 일자리와 일거리, 즉 노동 개념은 이미 근본적으로 바뀌고 있다.

기술은 우리가 알고 있는 노동의 개념에 대혁신을 일으켰다. 앞으로 기술의 기하급수적 진화는 산업 전체를 파괴하고 노동의 개념을 새롭게 정립할 것이다. 많은 전문가들은 다음과 같은 질문들에 대해 고민하고 있다. '어떤 직업이 붕괴될 것인가?' '얼마나 많은 새로운 직업이 생길 것인가?' '우리가 일하는 방식은 어떻게 변할 것인가?' '일자리를 어떻게 재정립할 것인가?' '이 모든 게 우리의 일상에 어떤 영향을 미칠 것인가?' 어느 것 하나 쉽게 대답하기 힘든 질문들이다.

한 가지 확실한 것은 2030년경부터 의식주 같은 기본적인 조건들이 무료화demonetization되는 세상이 온다는 점이다. 기술의 발전으로 생활비는 0원에 가까워진다. 노동은 필수가 아니고 누구나 기본소득을 받으며 정부의 연구 프로젝트나 창업 프로젝트에 소속된다. 그 외에 회원사, 동호회로 구성되는 각종 사회적 기업이나 사회적 노동조합, 사회공동체, 농협, 협업조합 등에 소속되어 느슨한 자원이나 재원을 제공받고 자신이 하고 싶은 일을 하는 사회가 도래한다.

생활비가 무료화되면 달라지는 것들

앞으로 생활비의 급속한 무료화가 이뤄진다는 말은 무엇을 의미할까? 그것은 우리가 살아가는 기본적 수요의 비용이 낮아지고 더 낮아져 거의 제로에 가까워진다는 뜻이다. 이제는 기술의 발전으로 과거에는 비쌌던 상품이나 서비스가 상당히 싸게 또는 거의 무료로 사용할 수 있게 된다.

사진을 생각해 보자. 코닥이 사진 시장을 지배하던 시절만 해도 사진을 찍거나 소유하는 비용은 상당히 비쌌다. 카메라를 사는 데 돈이 들었고 필름을 사고 현상하는 데도 모두 돈이 들었다. 그러나 오늘날 메가 픽셀의 시대에는 휴대전화 안에 카메라가 내장되어 있고(즉, 공짜이고) 필름도 필요 없다. 사진을 현상하는 데도 돈이 들어가지 않는다. 완전히 무료화됐다.

정보와 검색 분야도 마찬가지다. 예전에는 잘 알려져 있지 않은 데이터를 찾는 것은 어렵고 시간이 많이 드는 일이었다. 나 대신 다른 사람을 시키는 것도 비용이 많이 들었다. 하지만 오늘날 구글의 시대에 자료를 찾는 건 무료일 뿐 아니라 속도도 빠르고 정보의 질도 1,000배는 더 훌륭하다. 정보와 데이터, 검색에 대한 접근은 완전히 무료화되었다. 그뿐인가? 생중계 영상이나 뉴스, 전화 역시 스카이프나 구글, 유튜브로 완전히 무료화됐다.

100만 달러의 가치가 있는 도구들이 모두 무료화되어 스마트폰 안으로 들어갔지만 우리는 이를 너무나 당연시한다. 오늘날 많은 사람들이 사용하는 스마트폰에 들어 있는 도구들은 수십 년 전에는 수천 달러의 가격이 매겨졌던 것들이다. 20년 전만 해도 컴퓨터, 카메라, 비디오카메라, CD플레이어, 오디오, 비디오게임기, 휴대전화, 시계, 백과

사전 세트, 세계지도, 여행지도, 내비게이션 등을 모두 갖고 있으려면 웬만한 부자가 아니고서는 불가능했다. 하지만 이제는 그 모든 것이 스마트폰 안에 무료로 들어 있다.

우리는 이런 무료 도구들을 당연하게 여기고 거기에 값을 치러야 한다는 사실 자체를 말도 안 된다고 생각한다. 불과 20~30년 만에 세상은 이렇게나 많이 변했다. 기술의 발전 속도가 기하급수적이라는 점을 생각해 보면 앞으로 20년 후 우리가 돈을 쓰는, 즉 소비를 하는 항목은 완전히 달라질 것이다. 그러면 현재 전 세계 사람들이 가장 많이 소비하고 있는 일곱 가지 부문이 10~20년 안에 어떻게 무료화되는지 살펴보자.

운송

무려 1조 달러에 이르는 자동차 산업은 우버와 같은 스타트업들이 등장하면서 무료화되고 있다. 그러나 이는 시작에 불과하다. 우버가 완전히 자동화된 서비스를 제공하기 시작하면 운송비용은 더욱 급락할 것이다. 자동차 보험, 자동차 수리, 주차, 연료비용 등 곧 사라질 운송 산업 관련 비용을 생각해 보자. 앞으로 '돌아다니는 비용'은 자동차를 소유했을 때보다 5~10배가량 낮아진다. 이것이 서비스로서의 자동차가 나아갈 미래다. 지구상에서 가장 가난한 사람들도 앞으로는 기사를 두고 돌아다니는 세상이 온다.

식품

식품 가격은 지난 세기에 비해 13배나 하락했다. 미국 농무부 조사에 따르면 1960~2014년 미국 가정의 식품 구매 비용은 50퍼센트 하락했다. 이런 하락 추세는 앞으로도 계속된다. 미래에는 수직농법vertical farming(고층 빌딩 안의 밀폐된 공간을 활용한 아파트형 농법으로, 땅을 넓게 차지하고 흙에 씨앗을 심어 농사를 짓는 종래의 수평농법horizontal farming이 지닌 단점을 극복한 미래형 농법)을 통해 더욱 효율적으로 지역 내에서 식품을 생산하는 방법이 개발된다(식품 소매가격의 70퍼센트는 운송, 저장, 취급에서 발생한다). 또한 유전공학과 생물학의 발전으로 제곱미터당 생산량이 더욱 늘어나게 된다.

보건

보건 분야는 진단, 수술, 만성적 치료, 약품의 4개 범주로 나눠 살펴볼 수 있다. 우선 진단에서는 인공지능이 적용돼 의료비의 무료화가 이루어진다. 인공지능은 이미 암 환자 진단 분야에서 세계 최고 수준의 의사보다 낫다는 것을 입증했다. 인공지능은 영상 임상병리학, 유전자 데이터와 결론 도출, 기가바이트의 표현형 데이터 분류 작업 등을 전기 요금 정도의 비용으로 해낼 수 있다.

그리고 가까운 미래에는 로봇이 세계에서 가장 뛰어난 외과의가 된다. 로봇은 정확하게 움직일 뿐 아니라 수술 부위를 높은 배율로 볼 수 있다. 또한 수백만 건의 이전 수술 자료 데이터를 참고하며 숙련된 인간 외과의보다 뛰어난 기술을 갖고 있다. 이런 로봇이 외과의가 되면 수술비용은 제로에 접근하게 된다. 더불어 노인과 만성적 질병을 가진 환자에 대한 치료 역시 로봇을 통해 효율적으로 이뤄지고, 그러면서 비용이 무료화된다.

약품은 인공지능에 의해 더욱 효율적인 방법으로 개발과 생산이 이뤄질 전망이다. 가까운 미래에는 누구나 3D 프린터를 통해 집에서 약이 필요한 순간에 자신에게 가장 적합한 약을 조합해 만들 수 있게 된다.

주택

최근 주택 가격이 폭등한 이유를 생각해 보자. 왜 같은 넓이의 똑같은 주택이 지방의 어느 동네에서는 1억 원인데 서울의 어느 동네에서는 10억 원이 넘는 가격에 매매될까? 바로 위치 때문이다. 사람들은 일자리와 즐길 거리에 가까운 지역에서 살고 싶어 한다. 이런 시장 원리가 주택 가격을 상승시킨다.

그러나 미래에는 주택이 무료에 가까워진다. 여기에는 두 가지 이유가 있다. 첫째, 자율주행 자동차와 가상현실, 이 두 가지 핵심 기술이 집과 직장 간의 거리를 무의미하게 만들기 때문이다. 교통의 불편이 주택 가격에 별 영향을 끼치지 못하는 것이다. 생각해 보자. 자율주행 자동차를 이용해 출퇴근 시간에 잠을 자고, 독서를 하고, 영화를 보고, 미팅을 할 수 있다면 출퇴근 시간이 두 시간이 되더라도 문제가 되

중국의 3D 프린터 기업 윈선이 건축한 5층 빌딩

지 않는다. 나아가 만일 직장이 가상 사무실이고 동료들이 모두 아바타라면 어떻게 될까? 그러면 더 이상 출퇴근 자체가 아무 의미 없어진다. 잠에서 깨어 가상현실 작업장에 '플러그 인'하는 것으로 출퇴근이 가능해진다면, 시골 농장에 살고 있든 저 멀리 이름 모를 섬에 살고 있든 아무 상관이 없다.

둘째, 로봇공학과 3D 프린팅 기술이 건축비용을 무료화한다. 여러 스타트업들이 3D 프린팅 구조와 빌딩을 연구하고 있고 건설비용과 시간을 대폭 감축시키고 있다. 중국의 윈선WinSun이라는 회사는 아파트와 빌딩 전체를 3D 프린팅으로 건축하기도 했다.

에너지

한 시간 동안 지구에 쏟아지는 태양에너지는 인간이 1년 동안 사용하는 에너지보다 5,000배나 더 많다. 태양은 세계 어디에서나 풍부하다. 세계에서 가장 가난한 나라들은 대개 햇빛이 가장 많이 쏟아지는 나라들이다. 오늘날 태양광발전의 원가는 킬로와트시당 0.03달러까지 하락했다. 태양광 원가는 소재과학이 발전하면서(예를 들면 페로브스카이트perovskite 같은 태양광 전지 물질이 있다.) 지속적으로 무료화된다.

교육

교육은 이미 상당 부분 무료화됐다. 학교에서 배울 수 있는 정보의 대부분은 온라인에서 무료로 이용할 수 있다. 대표적 MOOCMassive Open Online Course(온라인 공개 수업) 플랫폼인 코세라Coursera, 칸 아카데미, 하버드 대학교, MIT, 스탠퍼드 대학교 등은 수천 시간에 이르는 높은 품질의 온라인 강의를 개설해 누구나 인터넷으로 이용할 수 있게 했다. 이는 시작에 불과하다. 조만간 세계 최고의 교수들을 대신해 인공지능이 학생의 능력과 욕구, 수요와 지식수준을 정확히 파악하고 가장 알맞은 방법으로 그들을 가르치게 된다. 더불어 억만장자의 자녀나 극빈층의 자녀나 상관없이 모두가 인공지능을 통해 무료로 똑같은 교육을 받게 된다.

오락

이제까지 오락(비디오와 게임 등)은 장비와 서비스를 구입하는 데 상당한 돈이 들었다. 그러나 이제는 유튜브, 넷플릭스, 앱스토어 같은 스트리밍 서비스의 등장으로 게임 유저들은 서비스 이용에서 상당한 선택권을 갖게 되었고 비용도 급속히 무료화되고 있다. 유튜브의 사용자는 이미 10억 명을 넘어 인터넷을 이용하는 사람들의 3분의 1 수준이다. 사람들은 매일 수억 시간을 유튜브를 시청하면서 수십억 뷰를 만들어 내는 데 쓰고 있다.

이렇듯 미래에는 기술의 기하급수적 발달로 주거, 운송, 식품, 보건, 오락, 교육 등에 들어가는 비용이 제로에 가깝게 하락한다. '기술적 사회주의'technological socialism(기술이 생활을 책임지는 사회)가 도래하는 것이다. 기업가들과 CEO, 리더들은 이런 트렌드를 이해하는 게 매우 중요하다. 이러한 것들이 미래 사회에서 우리가 살아가고 일하며 즐기는 방식을 획기적으로 변화시키기 때문이다.

생활비가 무료화되면 사회는 어떻게 변화할 것인가? 우리의 삶에는 어떤 영향을 미칠 것인가? 어쩌면 우리는 소득을 얻기 위해 일할 필요가 없어질 수도 있다. 앞서 말했듯이 레이 커즈와일 같은 전문가들은 보편적 기본소득제도를 옹호한다.

이런 제도가 도입되면 그 결과는 어떻게 될 것인가? 일을 적게 하게 될까? 자유로운 시간에 우리는 무엇을 하게 될까? 커즈와일은 이렇게 말한다. "일하는 시간이 적어진다고 해서 그저 멍하니 앉아 있지는 않을 것이다. 사람들은 뭔가를 즐길 수도 있고 뭔가를 만들어 낼 수도 있다. 그것을 '일'이라고 불러도 상관없다."

그렇다면 미래의 일은 생계 유지의 성격을 띠기보다 더 많은 창조와 지식 추구, 인간관계 등 지금보다 삶이 더 행복해지는 보다 고차원적인 성격을 지니게 된다. 인간의 이상적인 목표는 열정과 창의성을 갖고 일하며 모두에게 긍정적인 영향을 주는 사회를 만드는 것이다. 따라서 일의 목적은 그것이 기술적이든, 지적이든, 창의적이든 개인과 인류의 진보에 기여하는 형태가 되어야 한다.

04
다가올 세 번의
디지털 혁명에 주목하라

급격한 전환의 시대, 어떤 기업이 살아남는가

변화는 어렵다. 흐름을 예측하기 어려울 정도로 변화의 속도가 빠른 오늘날에는 더욱 변화에 대처하기가 힘들어졌다. 디지털 기술을 그저 생산성 향상에 도움이 되는 좋은 도구라고만 생각한다면 당신은 이미 뒤처진 것이다. 오늘날 디지털 기술은 그 자체로 거대한 비즈니스다. 디지털 변화에서 뒤처진 기업들은 이미 시장이 붕괴되었고 그들이 자랑하는 능력 또한 경쟁력을 잃었다는 사실을 알게 되었다. 어떻게든 이를 극복하려고 필사적으로 노력해 보지만 오늘날 전 세계가 맞이하고 있는 전환은 한두 가지가 아니다. 이제 우리는 '파괴적 전환', '하이퍼디지털 전환', '유비쿼터스 전환'이라는 세 번의 디지털 혁명을 눈앞에 두고 있다. 이 세 번의 전환을 이해하고 언제 무엇이 등장할지를 알아야 급격한 변화의 흐름에서 살아남아 성공할 수 있다.

파괴적 전환의 시대

어떤 이들은 디지털 전환의 시대가 70년 전 최초의 상용 컴퓨터인 에니악ENIAC에서 시작됐다고 주장하고, 어떤 이들은 인터넷의 도입에서 시작됐다고 주장한다. 실제로 출발점이 언제인지는 모르지만 지난 5년 동안 디지털의 확산으로 전례 없는 개인적, 기업적 혼란이 야기되었다는 데는 모두가 동의할 것이다. 이 파괴적 전환의 시대에는 전통적인 기업 운영을 무너뜨리는 여덟 가지 기술이 등장한다. 이 기술들은 설문 조사에서 디지털 리더 기업 4분의 1 이상이 기업 운영에 매우 큰 영향을 미친다고 말한 것들이다.

- 사이버 보안(59퍼센트)
- 빅데이터/기업 분석(54퍼센트)
- 모바일 기술(40퍼센트)

- 클라우드 컴퓨팅(32퍼센트)
- 소셜 미디어(31퍼센트)
- 협동 기술(26퍼센트)
- 사물인터넷/센서(26퍼센트)
- 생명공학 기술(25퍼센트)

위 여덟 가지 기술은 데이터 중심적이다. 모두 새롭고 혁신적인 방식으로 데이터를 생산, 관리, 분석, 보안, 저장 후 이를 바탕으로 대응하는 것들이다. 생명공학 기술을 제외한 이 기술들은 디지털 기술을 다층적으로 구성하는 핵심 구성 요소이며 비즈니스 전략, 비즈니스 프로세스와 인간의 상호작용에 중대한 영향을 미친다. 이런 디지털 기술들은 다음에 다가올 디지털 전환 시대의 기반이 된다. 위 여덟 가지 기술이 아직 기업 내 IT 인프라에서 구현되지 않았다면 하이퍼디지털 전환의 시대가 왔을 때 커다란 위기를 맞게 될 것이다.

하이퍼디지털 전환의 시대

디지털 전환의 두 번째 시기인 하이퍼디지털의 전환 시대에는 디지털 기술의 변화가 가속화되고 기업에 미치는 영향이 비약적으로 증가한다.

이전 시대의 여덟 가지 기술은 2020년까지 디지털 리더 기업들이 비즈니스에 미치는 영향을 평균 74퍼센트 증가시킨다. 디지털에 대한 조직의 투자 규모 및 인력과 기술 확보를 구체적으로 고려해야 하는 시기다. 다가올 하이퍼디지털 전환 시대에는 다시 아홉 가지의 디지털 기술이 등장해 이전의 여덟 가지 기술과 결합한다. 이 아홉 가지 기술은 현재는 그 중요성이 상대적으로 낮지만 2020년까지 기업에 미치는 영향력이 평균 145퍼센트 증가할 것이다.

- 스카이프, 구글 행아웃 등 텔레프레즌스(49퍼센트)
- 디지털 통화(49퍼센트)
- 인공지능(46퍼센트)
- 로봇을 이용한 공정 자동화(41퍼센트)
- 우버 같은 공유경제 플랫폼(39퍼센트)
- 나노 기술(35퍼센트)
- 로봇(하드웨어)(33퍼센트)
- 텔레매틱스(29퍼센트)
- 웨어러블 기술(28퍼센트)

이 아홉 가지 기술과 이전의 여덟 가지 디지털 기술이 결합하면 2020년까지 디지털 리더 기업들의 비즈니스 영향력이 평균 112퍼센트 증가한다. 이는 오늘날 운영되고 있는 기업과 IT 조직들이 2020년에도 성공을 유지하고 경쟁력을 갖기 위해서는 이전과는 매우 다른 시각으로 세상을 바라볼 필요가 있음을 의미한다.

소매업은 많은 산업 분야에서 탄광의 카나리아 같은 존재로 간주된다. 따라서 소매 산업의 거대 기업들이 실패하기 시작하면 주의를 기울이고 경고 신호에 유의해야 한다. 미국 전역에 450여 개의 점포를 두고 있는 대형 스포츠용품 회사 스포츠 오소리티Sport Authority가 2016년 3월에 파산했다. 많은 애널리스트들은 그 원인으로 온라인과 모바일 경쟁에 대한 회사의 느린 대응을 지적했다.

같은 해 5월에는 미국의 대형 캐주얼 의류 브랜드 에어로포스테일Aeropostale도 파산했다. 분석에 따르면 그 역시 빠르게 변화하는 소비자 행동과 새로운 패션 트렌드를 공략하는 온라인 경쟁 회사의 속도에 뒤처졌기 때문이다. 비슷한 시기에 영국 백화점인 BHS도 2016년 청산 절차에 들어갔다. BHS 또한 디지털 경쟁 업체와 급변하는 소비자 경향을 따라가지 못한 게 원인이었다. 소매 산업을 분석하는 애널리스트들은 이런 거대 기업들이 디지털 방식으로 신속하게 변환하지 못하면 기술에 정통한 다른 경쟁 회사에 뒤처져 실패한다고 말한다.

유비쿼터스 전환의 시대

세 가지 전환 중 마지막인 유비쿼터스 전환의 시대는 2025년경에

온다. 연구 결과에 따르면 기업들이 이전 두 시대의 놀라운 변화를 소화하기 위해 엄청난 노력을 기울이면서 기술이 기업에 미치는 영향이 이전보다는 줄어든다. 그러나 설문 조사에 따르면 그래도 디지털 기술이 기업에 미치는 영향은 35퍼센트 증가한다. 이 시대에는 여섯 가지 신기술이 이전의 17가지 기술에 합류하게 된다.

- 블록체인(43퍼센트)
- 지리 정보 시스템(41퍼센트)
- 3D 프린팅(40퍼센트)
- 가상현실(39퍼센트)
- 무인자동차(34퍼센트)
- 드론(33퍼센트)

이 여섯 가지 디지털 기술이 결합하면 2020~2025년 디지털 리더 기업의 비즈니스 영향력은 평균 112퍼센트 증가할 것으로 예측된다. 이 여섯 가지 데이터 기반 기술은 기초적이고 혁신적인 기술이다. 이 기술들은 교통, 은행, 금융, 상업, 제조 분야의 급격한 변화를 앞당긴다.

파괴적 전환의 시대, 하이퍼디지털 전환의 시대, 유비쿼터스 전환의 시대에 각각의 개념과 시기를 예측하고 해당 디지털 기술로 무장하지 않으면 이미 진행되고 있는 급격한 전환의 흐름에서 살아남을 수 없다. 그리고 개념을 이해하는 것에서 생산 시스템의 구현에 이르기까지 기술 구현 절차와 예산 책정 등의 순서는 매우 중요하다. 이제는 단순히 편리하고 좋은 도구에서 그 자체가 비즈니스가 될 디지털 기술을 간과해서는 안 된다. 여기서 제시한 23가지 기술과 전환 기간, 기업에 대한 영향력과 관련된 내용들은 조직의 디지털 변환 전략을 계획할 수 있는 강력한 도구가 될 것이다.

05
거대 기업은 무너지고
'긱 이코노미'의 시대로

빅 시프트의 시대를 맞이하라

미래의 경제는 누가 주도하게 될까? 기업가들인가, 아니면 거대 기업인가? 미래의 경제는 더 작은 조각으로 나뉠 것인가, 아니면 승자가 모든 것을 독식하는 시나리오로 나아갈 것인가? 딜로이트 센터 포 더 엣지Deloitte Center for the Edge, DCE의 공동 회장인 존 헤이글John Hagel에 따르면 그 대답은 어느 지점을 보는가에 달려 있다. 헤이글은 보스턴에서 열린 싱귤래리티 대학교의 익스포넨셜 매뉴팩처링 콘퍼런스Exponential Manufacturing Conference를 통해 수십 년 동안 지속된 경제 트렌드가 강력한 '빅 시프트'를 맞이하고 있다고 말했다.

헤이글은 빅 시프트에 대한 이해가 디지털 기술, 자유화, 글로벌화로 생겨난 불확실성의 경제를 안내할 핵심 열쇠라고 말한다. 그는 '빅 시프트가 과연 오는가'에 대해서보다는 '빅 시프트가 우리를 어디로 이끌어 갈 것인가'에 중점을 둔다. 그에 따르면 미래 경제를 보는 시각은 두 가지로 나뉜다.

한 가지 시각은 디지털 기술의 영향력이 모든 것을 해체해 조각낼 것이라는 의견이다. 모든 사람은 독립적인 근로자가 되어 특정한 프로젝트가 있을 때만 느슨하게 연계된다. 그러나 기본적으로 회사들은 공룡이다. 이에 따라 긱 이코노미Gig Economy(산업 현장에서 필요에 따라 인력을 구해 임시로 계약을 맺고 일을 맡기는 형태의 임시직 경제)가 극대화될 것이라는 의견이다. 다른 한 가지는 네트워크 효과로 승자가 모든 것을 독식하는 경제로 나아간다는 견해다. 구글이나 페이스북처럼 몇 개의 조직이 대부분의 부를 독차지하고 모든 사람은 하찮은 존재가 된다는 것이다. 과연 어느 쪽으로 가게 될까?

프리 에이전트와 소규모 창업자들의 탄생

현대 기업의 역사는 전설적인 거대 기업의 역사로 가득 차 있다.

100년 전에는 US스틸United States Steel Corporation, 스탠더드 오일Standard Oil, 제너럴 일렉트릭General Electric. GE, JP 모건JP Morgan 등이 있었다. 오늘날에는 애플, 구글, 마이크로소프트, 엑손모빌이 있다. 그리고 아직 남아 있는 GE도 있다.

그러나 헤이글은 세계가 디지털 시대에 들어서면서 뭔가가 변화되고 있다고 말한다. 과거의 산업 세계에서는 거대 기업들이 이점을 가지고 있었다. 이들은 생산요소들을 소유했다. 생산요소란 값비싼 산업 기계와 인프라 같은 자본 설비를 말한다. 더 많이 생산할수록 원가는 더욱 분산되었기에 기업들은 생산성을 위해 한 지붕 아래 사람들과 기계들을 모았다. 기업이 거대해지는 건 당연한 일이었다.

디지털 경제에서는 이럴 필요가 없어졌다. 컴퓨터와 인터넷은 수조, 수억 개의 조직과 수백만의 작은 생산자를 양산하기 때문이다. 나아가 생산요소들은 기업의 손을 벗어나 점차 개인들도 접근 가능해졌다. 기술 분야에서 보면 이제는 기술을 가진 누구나 새로운 애플리케이션을 만들고 판매할 수 있게 됐다. 컴퓨터와 인터넷을 통해 앱 개발자들은 집에 앉아서 자신의 제품을 판매할 수 있다.

오늘날 음악에서 비디오, 소프트웨어에 이르기까지 디지털 미디어 부문은 더욱더 많은 사람들이 작은 규모로 참가할 수 있게 되었고 생산 비즈니스는 급격하게 분화되고 있다. 하지만 이게 끝이 아니다. 물리적인 제품 생산도 어느 곳에서나 가능해졌다. 디지털화는 제조업 분야에도 밀려오고 있다. 대규모 생산을 위해서는 아직 전통적인 공장이 있어야 한다. 그러나 제품 개발 분야는 그렇지 않다. 오늘날 2만 달러 정도면 큰 공장과 비슷한 정밀도로 생산할 수 있는 데스크톱 CNC 머신과 3D 프린터, 라우터를 살 수 있다. 그리고 메이커 센터(스스로 제품과 서비스를 개발하려는 1인 기업을 지원하기 위해 만들어진 공간. 마이크로 컨트롤러부터 3D 프린터까지 물건을 제조할 수 있는 각종 장비와 부품을 공급해 준다)에 가면 이런 기계를 시간당 임대할 수 있다. 심지어 슈퍼컴퓨터나 하이테크 설비들도 이용할 수 있다. 만약 칩 설계에 관심이 있다면 누군가가 가지고 있는 제조 설비를 임대하면 된다. 새로운 제품에 대한 창의적인 아이디어를 가진 사람들이 제조 수단에 접근할 수 있는 길은 점차 더 확대되고 있다.

맥킨지 앤드 컴퍼니의 최근 연구에 따르면 유럽과 미국은 많게는 1억 6,200만 명 또는 생산연령인구의 20~30퍼센트가 어떤 형태로든 독립형 근로에 참여하고 있는 것으로 나타났다. 지리적으로는 다양하지만 독립형 근로자들은 대부분 다음 네 가지 유형에 속했다. 첫째, 적극적으로 독립형 근로를 선택하고 거기서 주된 수입을 얻는 프리 에이전트free agent, 둘째, 보조적인 수익을 위해 독립형 근로를 스스로 선택한 간헐적 소득자casual earner, 셋째, 독립형 근로로 주된 생계를 유지하지만 전통적인 일자리를 선호하는 소극적 독립형 근로자reluctant, 마지막으로 필요에 의해 독립형 근로를 보완적으로 하고 있는 재정적 궁핍자financially strapped다.

독립형 근로를 자발적으로 선택한 사람들(프리 에이전트와 간헐적 소

	주된 수익	보조적 수익
적극적 선택	프리 에이전트	간헐적 소득자
필요에 의한 선택	소극적 독립형 근로자	재정적 궁핍자

출처: 맥킨지 글로벌 연구소

득자)은 필요에 의해 선택한 사람들(소극적 독립형 근로자와 재정적 궁핍자)보다 업무 생활에 대한 만족도가 더 크다고 보고됐다. 이 결과는 국가, 연령, 수입 범위, 교육 수준에 관계없이 적용된다. 이는 많은 사람들이 '스스로 정한 조건'으로 일하는 경우 비금전적 측면을 높게 평가한다는 사실을 시사한다.

한편 소규모 창업자들을 불러 모으는 디지털 플랫폼과 쉽게 접근할 수 있는 생산수단의 결합은 독립형 근로의 진화에 일조하고 있다. 디지털 플랫폼은 서비스가 필요한 고객과 그 서비스를 제공하는 근로자들을 직접, 그것도 실시간으로 연결할 수 있도록 중개하는 대규모의 효율적인 시장을 창조해 낸다. 현재는 맥킨지 연구 조사에 응답한 독립형 근로자의 15퍼센트만이 일을 찾기 위해 디지털 플랫폼을 사용한 경험이 있지만 이른바 '온디맨드형'on-demand(모바일을 포함한 정보통신 기술 인프라를 통해 소비자의 수요에 맞춰 제품 및 서비스를 제공하는 경제활동) 경제는 빠르게 성장하는 중이다.

점점 더 많은 상품과 서비스들의 개발과 생산이 분화되고 있으며 앞으로는 이런 조각들을 함께 묶는 사업이 더욱 증가한다. 생산자는 더 작아지고 이들을 묶는 기업들은 더 커지는 것이다.

긱 이코노미로 확대되는 자유와 유연성

독립형 근로 개념에 대한 예를 들기 위해 멀리 갈 필요는 없다. 최근 몇 년 동안 공유경제는 너무나 많이 알려졌고, 기술 기업들은 이를 통해 물리적 자본을 많이 소유하지 않아도 수백억 달러의 기업가치를 갖게 되었다. 이들은 물리적 자본을 소유하는 대신 소프트웨어 플랫폼을 만들고 기업가들을 모집하고 조직한다.

예를 들어 우버는 자동차 소유자들을, 에어비앤비는 주택 소유자들을 모집한다. 여기에 참여하기 위해 호텔 체인이나 택시 선단을 사들일 필요는 없다. 사람들은 아파트 한 채를 빌려주고 자동차 한 대를 운전하면서 고객들과 연결된다. 이것이 가장 흔한 예다. 하지만 이뿐만이 아니다. 〈월스트리트 저널〉 기사에 따르면 "이제 우버는 모든 것에 해당된다." 개인 비서, 방문 진료, 세탁 서비스 등도 우버와 같이 '연결되고' 있다. 일부는 살아남고 많은 것이 사라진다. 그러나 핵심 전략, 즉 연결성은 사라지지 않는다.

독립형 근로의 또 다른 형태는 제조 부문에 더 특화된 것으로, 수많은 참가자들을 결합해 혼자서는 달성할 수 없는 공동의 목표를 달성하는 방식이다. 헤이글은 이 분야에서는 중국과 인도가 선두에 있다고 하면서 홍콩의 의류 회사인 리앤펑Li&Fung을 예로 들었다. 리앤펑의 고객에는 앤테일러와 캘빈클라인도 있다. 리앤펑은 의류 회사이면서 엄밀한 의미에서의 의류 회사는 아니다. 생산 설비나 공장이 전혀 없기 때문이다. 리앤펑은 이른바 네트워크 기업으로서 공급망 관리Supply Chain Management를 할 수 있는 최적의 시스템을 가지고 철저한 아웃소싱으로 부가가치를 창출한다. 생산 공장, 시설, 인력을 소유하지 않고 오직 상생과 협력을 기반으로 하는 플랫폼만을 소유하는 것이다. 주문이 들어오면 전 세계 1만 5,000개의 공급망을 조합해 원자재 구매부터 생산, 운송을 거쳐 고객에게 전달한다.

헤이글은 이런 거대 조직자를 '상업화 플랫폼'이라고 부른다. 수요를 예측하고 생산 시설에 자원을 분배하고 유통시키는 대신 필요한 모든 조각들을 모아 수요에 보다 유연하게 대처하는 것이다. 리앤펑 같은 거대 기업들이 규모가 더 커지면 거대한 방식으로 변화가 일어난다. 어디를 보는가에 따라 조각화 현상을 볼 수도 있고 집중화 현상을 볼 수도 있다. 그리고 중요한 것은 이 두 가지 현상이 동시에 일어나며 서로를 강화하고 증폭시킨다는 점이다. 만일 조각화된 비즈니스를 지원할 수 있는 거대 기업과 집중적인 서비스가 없었다면 이 정도 수준의 조각화 현상은 일어나지 않았을 것이다.

빅 시프트는 기업과 창조자 모두에게 새로운 기회이자 도전이다. 기업들은 발밑의 땅이 조각화되고 있지는 않은지 관찰할 필요가 있다.

개인들은 전례 없는 자유와 유연성을 갖고, 동시에 거대 기업들이 제공하던 안정성은 사라진다. 더불어 여러 가지 도전 과제가 주어지겠지만 헤이글은 미래에 대해 낙관적이다. 빅 시프트는 가능성을 열어 주고 여기에 더 많은 사람들이 참여하고 더 많은 경험들이 집결되면 모든 사람을 위한 더 많은 가치가 창출된다. 지금까지와는 매우 다르지만 더없이 흥미로운 비즈니스 세계가 펼쳐지게 되는 것이다.

제롬 글렌 Jerome Glenn

미국의 대표적인 미래학자. 유엔미래포럼 회장, 세계미래연
구기구협의회 회장, 유엔 대학교 미국위원회 이사로 있다.
지난 40년간 정치, 교육, 과학, 산업, 정부 등의 미래를 연구
했고 그의 10년 전 예측들은 지금 대부분 현실화되고 있다.
10년 전 그는 지구촌이 하나로 연결되는 '인터넷 혁명'부터
지금의 '인공지능 혁명'까지 정확히 짚어 낸 바 있다.

Q1 밀레니엄 프로젝트에서 진행하고 있는 '2050 미래 일자리 연구'에 대해
소개해 주세요. 2050년, 그러니까 지금부터 30년 후 미래의 일자리는
어떤 식으로 변하게 된다는 것인가요?

'2050 미래 일자리 연구 프로젝트'는 유엔미래포럼의 전 세계 60개국 지부
에서 시작되었습니다. 그 보고에 따르면 미래는 일자리 경제job economy에
서 자아실현 경제self-actualization economy로 전환됩니다. 우리는 태어나면서
부터 일을 해야 먹고산다는 패러다임을 가지고 있는데 2050년경이 되면
경제 패러다임이 변해서 일할 필요가 없는 경제, 즉 자아실현 경제가 도래
합니다. 한마디로 사회는 기본소득을 제공하고 사람들은 하고 싶은 일을
하는, 모두가 풍요로운 사회에서 살게 된다는 시나리오죠.

Q2 그 시나리오 상의 풍요로운 사회가 어떻게 만들어진다는 건가요?

미래에 '풍요의 사회'가 도래한다고 예측하는 이유는 인공지능, 로봇공학,
합성생물학, 나노 기술, 드론, 3D/4D/바이오프린팅 등 차세대 기술을 통

해 많은 지적, 물질적 부가 창출되기 때문입니다. 차세대 기술은 부의 창출과 동시에 생계비용을 획기적으로 감소시킵니다. 많은 도시에서 무인자동차를 비롯한 대중운송 시스템이 대중교통의 무료화를 가능하게 할 것입니다. 심지어 하이퍼루프가 연결된 일부 도시에서는 고속 운송비용도 무료에 가까워집니다.

건설, 제조, 유지관리, 수도, 에너지 분야는 소재과학, 3D/4D/바이오프린팅의 발달, 원자 단위로 정교해진 제조업 그리고 기타 새로운 기술들의 발달로 원가가 획기적으로 낮아집니다. 로봇 농업, 합성생물학, 인공지능 배송 시스템으로 식품의 원가와 유통비용도 하락할 것입니다. 재생에너지로 에너지가 변환되면 에너지 비용도 거의 무료화됩니다. 또 모든 기계와 컴퓨터의 디지털화는 생산 한계비용을 극도로 줄여 줍니다. 태양광, 풍력 등 재생에너지의 성공과 해수 농업, 배양육 산업의 발달로 식량과 곡물 역시 거의 무료화됩니다. 의료비용도 획기적으로 하락하는데 그 이유는 원격진료가 보편화되기 때문입니다. 산업 각 부문에 투입되는 인공지능과 로봇은 급여를 받지 않으며 24시간 쉬지 않고 일할 수 있고 유급휴가, 병가, 퇴직금도 없죠.

이 모든 것이 보험, 생산, 유지관리, 노동력의 원가를 대폭 낮출 것입니다. 많은 것들의 원가가 하락하면서 보편적 기본소득제도에 필요한 예산 수요도 감소합니다. 이와 같은 변화로 보편적 기본소득제도를 재정적으로 유지해 나갈 수 있다는 믿음이 커지고 있습니다. 인류는 2030년대 중반 인공지능의 진화로 경쟁과 고통, 분노와 압박에서 벗어나기 시작합니다. 브라질, 핀란드, 스페인, 알래스카에서 시작된 기본소득제도 실험은 긍정적인 효과를 보였습니다. 인도, 라이베리아, 케냐, 나미비아, 우간다에서 더 작은 규모로 시작됐던 기본소득제도 실험도 성공적이었고 앞으로 더 많은 나라들에서 기본소득제도를 받아들일 것입니다.

Q3 인간의 일을 로봇이나 인공지능이 대신하고, 인간은 일을 하지 않아도 되는 세상이 온다는 것인가요?

그렇습니다. 인간의 노동과 지식이 기계의 노동과 지식으로 이전되는 것, 즉 로봇이나 인공지능이 인간 대신 일을 해주는 시대가 오는 것은 확실합니다. 그러면 인류는 생계를 위한 직업을 가질 필요에서 해방되어 자아실현을 위한 직업을 가지게 될 것입니다. 삶의 의미를 찾기 위해 사는 시대가 되죠. 이때가 일자리 경제에서 자아실현 경제로 옮겨 가는 시점이 될 것입니다.

자아실현 경제를 구축하기 위해서는 일부 부문이 아닌 시스템 전체가 함께 움직여야 합니다. 인간의 일을 대신할 인공지능 그리고 고정적인 기본소득이 있어야 합니다. 또한 이런 경제를 받아들이기 위한 문화적인 바탕, 정책, 새로운 고용 형태도 필요합니다. 이 모든 것들이 중요하죠. 미래는 부분에서 찾을 수 없습니다. 전체를 볼 줄 알아야 합니다.

Q4 한국에서는 지난 2016년 알파고와 바둑기사 이세돌의 대결로 인공지능을 비롯해 미래 기술에 대한 관심이 그 어느 때보다도 뜨거웠습니다. 당장 눈앞의 인공지능이 인간의 일자리를 빼앗아 간다는 것에 대한 두려움이 크기도 했고요. 이런 반응들에 대해서는 어떻게 생각하시나요?

한국인들은 정말 미래에 관심이 많습니다. 지구상 어느 나라보다 관심이 많다고 해도 과언이 아닙니다. 지금 당장의 두려움에 대해서는 당연한 반응이라고 봅니다. 하지만 필연적으로 일어날 변화 앞에서 두려움보다는 유연한 사고를 가질 필요가 있습니다. 생각해 봅시다. 지금 당신에게 당신 할아버지나 할머니가 했던 일을 하라고 한다면 하고 싶을까요? 사람들은 언제나 더 나은 선택을 하려고 합니다. 당신의 손자, 손녀도 마찬가지일 것입니다. 그들은 당신보다 더 나은 선택을 할 수 있는 시대를 살 것입니다. 과거 농경사회에서 산업사회로 넘어갈 때는 리더가 그 변화를 이끌었지만 앞으로는 점점 탈중심화된 사회를 살아가게 될 것입니다. 회사에서 일을 받아 일하는 게 아니라 1인 기업 형태가 많아지죠. 누군가의 강요나 필요가 아니라 스스로 선택해서 일을 창조해나가는 시대, 즉 자아실현 경제가 도래합니다. 이에 걸맞은 제도적, 문화적 변화도 일어날 것입니다.

Q5 미래 사회에서 살아남을 수 있는 핵심 경쟁력은 무엇이 될까요?

미래의 가장 중요한 변화를 일으키는 요소는 바로 인간의 집단지성collective intelligence이 될 것입니다. 이제는 더 이상 한 사람의 천재나 한 국가가 인류의 문제를 전부 해결할 수는 없습니다. 방대한 정보의 바다에서 의미 있는 결과를 도출하려면 결국 인간들이 모여 집단으로 정보를 교환하면서 새로운 지식을 생산하는 사회로 갈 수밖에 없죠. 지금 위키피디아 등의 온라인 백과사전이나 구글 등의 지식 검색 서비스는 집단의 지혜collective wisdom of crowds 정도로 설명할 수 있습니다. 위키피디아가 하드웨어라면 제가 말하고자 하는 집단지성은 소프트웨어입니다. 집단지성을 얼마나 빨리 이룰수 있느냐가 미래의 경쟁력이 될 것입니다.

Q6 세계적인 미래학자로서 한국의 미래학자들에게 전하고 싶은 말이 있다

면 무엇인가요?

미래학은 미래를 점치는 점술이 아닙니다. 10년 전 미래학자들의 주장이 전부 다 맞는 것도 아닙니다. 물론 앞으로 10년 뒤에도 마찬가집니다. 그러나 우리에게 닥칠 문제점을 예견하고 대비해야 한다는 점에서 미래학자들의 이야기에 귀를 기울일 필요가 있습니다. 미래에 대한 지식을 면밀히 고찰하고 연구하고 공론화해서 한국이 세계의 미래를 이끌 수 있길 기대합니다.

제2장

미래의 일을 전망하다

일자리 혁명이 일어날 7대 산업

01
로봇, 더 안전하고
효율적인 노동자의 탄생

미래 산업을 움직일 '로봇 손'

오래전부터 우리는 '로봇과 인공지능이 당신의 일자리를 노린다'는
말을 귀가 아프게 들어 왔다. 옥스퍼드 대학교의 칼 베네딕트 프레이
교수는 2034년이 되면 현재 존재하는 일자리의 47퍼센트가 자동화
될 것이라고 예측한 바 있다.

자동화가 즉각적으로 확실히 이뤄질 분야는 단연 제조업이다. 이미
지난 수십 년 동안 자동차 조립 부문과 중장비 부문은 완벽하게 자동

〈로봇으로 대체될 가능성이 가장 높은 직업 20가지〉

순위	직업	자동화 가능성(%)
1	텔레마케터	99.0
2	타이피스트, 데이터 입력 관련 직업	98.5
3	법률 비서	97.6
4	재무 담당 직원	97.6
5	설문 조사관	97.6
6	검량인, 물건을 분류하거나 나누는 사람	97.6
7	행정 업무 담당자 및 관리직	97.2
8	회계/경리 장부 담당자	97.0
9	보험회사의 일반 사무직	97.0
10	은행과 우체국의 창구 직원	96.8
11	지자체 행정관	96.8
12	비정부기구NGO 행정관	96.8
13	도서관 사서	96.7
14	조립, 수리 기술자	96.7
15	목수	96.5
16	교환원 및 콜센터 직원	96.5
17	섬유 산업 종사자	96.1
18	회계원 및 회계사	95.9
19	접수 담당자	95.6
20	화물, 배송 회사의 사무원	95.5

출처: BBC(http://www.bbc.com/news/technology-34066941)

화되었다. 몇 년 전 악명 높았던 아이폰 제조업체인 팍스콘Faxconn이
공장 노동자를 100만 개의 로봇으로 대체하겠다고 선언한 것을 기억

하는가? 하지만 그 선언은 타이밍이 잘못되었다. 그들은 인간을 대신해 정교한 회로기판 조립 등을 수행할 로봇에 대한 준비가 되어 있지 않았다. 기본적 메시지는 옳았다 하더라도 타이밍이 잘못되었다.

로봇은 인간이 하는 일 중 더럽고 반복적이며 위험한 일을 수행하기에 좋다. 그리고 얼마 안 가 로봇이 할 수 있는 일의 목록에는 섬세한 일이 추가될 것이다. MIT는 실리콘으로 만든 센서 '로봇 손'을 개발하고 있다. 이 로봇 손은 물체의 크기와 모양을 보고 목록에서 이것이 무엇인지를 알아낼 수 있고 달걀에서 CD에 이르는 다양한 물건들을 자유롭게 다룰 수 있다. 이런 기능은 매우 유용하다. 아직 자동화되지 않은 제조 업무의 대부분이 바로 이런 '섬세한 인간의 손'을 필요로 하기 때문이다.

최근 종합컨설팅회사인 BCG 퍼스펙티브스BCG Perspectives는 로봇이 가장 많이 사용되면서 미래의 변화를 주도할 네 가지 자동화 산업에 대한 보고서를 발표했다. 바로 기계 산업과 운송장비 산업, 컴퓨터와 전자 산업, 전자장비·전자기기·전자부품 산업이다. 결과적으로 팍스콘의 아이폰은 로봇이 만들게 될 것이다.

앞으로 중국 전역의 생산 회사들은 팍스콘의 뒤를 따르게 된다. 선전 라푸 테크놀로지Shenzen Rapoo Technology라는 회사에는 컴퓨터 마우스와 키보드를 조립하는 80개의 '로봇 팔'이 있다. 로봇은 이 회사의 인력을 2010년 3,000명에서 현재 1,000명까지 감축시켰다. 중국은 지난 2년 동안 세계에서 로봇이 가장 많이 팔린 나라다. BCG 퍼스펙티브스는 향후 10년 동안 로봇 생산량의 50퍼센트는 중국과 미국이 소비할 것이라고 예측했다.

완전 로봇 공장을 가능하게 하는 두 가지 중요한 요소는 생산능력과 비용 경쟁력이다. 이 두 가지 요소는 컴퓨터의 능력과 인공지능의 신속한 발전과 관련이 있다. 그래서 생산능력의 확대와 공장 로봇으로 비용 절감을 동시에 얻을 수 있는 것이다.

생산능력은 '무엇'이 자동화될 것인지를 결정하고, 로봇에 드는 비용과 인건비의 차이는 자동화의 '시기'를 결정한다. 전자기기 제조회사들의 로봇 채택 비율이 높아지는 이유는 바로 이 생산성과 인건비를 볼 때 로봇이 상대적으로 더 매력 있기 때문이다. 재미있는 사실 하나는 로봇의 원가가 어떤 수준 이하로 내려가고 로봇이 인간보다 생산성이 높아지면 인건비 때문에 지난 수십 년간 진행된 오프쇼링offshoring(아웃소싱하는 하청업체가 국내에 있지 않고 외국에 있는 경우 기업의 해외 업무 위탁)이 사라진다는 점이다. 미래에 로봇이 아이폰을 만들게 되면 중국에서 생산하지 않을 가능성이 높다.

BCG 퍼스펙티브스에 따르면 10여 년 전 중국의 인건비는 미국의 20분의 1 수준이었지만 지금은 그 차이가 많이 줄어들었다. 그리고 위에서 언급한 네 가지 산업에서 미국의 로봇 시스템 운영비용은 시간당 평균 10~20달러이며 이 원가는 이미 미국의 평균 노동임금에 한참 못 미친다. BCG는 로봇이 원가가 더욱 낮아지고 능력은 더욱 향상될 것으로 예측하고 있다. 네 가지 산업 분야에서 현재 로봇이 담당하

캘리포니아 주 테슬라 모델 S 공장에서 일하고 있는 쿠카 로봇

고 있는 생산 비율은 10퍼센트 미만이지만 2025년이 되면 전체 생산의 40~45퍼센트를 담당하게 된다.

중국의 인건비가 상승하고 로봇의 원가가 하락하면 중국 공장들은 로봇을 더 많이 고용할 뿐 아니라 미국 회사들도 일부 제조 공장을 본국으로 다시 가져오게 된다(그렇지만 사람들을 더 많이 고용하지는 않을 것이다). 이런 경향은 어느 나라나 마찬가지다. BCG는 이런 혁명이 모든 분야에서 동시에 이뤄지지는 않는다고 예상한다. 일부 산업, 예를 들어 섬유 산업은 아직 자동화되기 어렵고 다른 산업 분야에 비해 인건비도 낮으므로 자동화되는 속도가 느리다. 그리고 일부 국가에서는 규제가 아직 사람에게 유리하기 때문에 로봇을 신속히 적용하기가 힘들다. 특히 유럽은 세계에서 가장 높은 인건비와 노령화된 인력에도 불구하고 로봇의 도입이 가장 느릴 것으로 예측된다. 유럽 국가들의 노동 법률로는 인력을 로봇으로 대체하기가 매우 어렵다.

앞으로 대규모 제조업을 보유한 국가들은 인건비가 아닌 로봇으로 경쟁한다. 미래의 제조업 동력은 이런 국가들이 로봇 혁명을 얼마나 빨리 수용하고 신속하게 시스템을 전환했는지에 달려 있다.

로봇이 고용되면 인간은 모두 실업자가 되는가

산업용 로봇이 인간이 하던 일의 50퍼센트를 대체하고 임금이 획기적으로 낮아지면 고용 시장에는 어떤 일이 벌어질까? 통계에 따르면 미국 경제는 로봇 한 대가 추가될 때마다 고용이 5.6명 줄어든다고 한다. 그리고 로봇 하나는 인간 노동자 1,000명의 임금을 0.25~0.5퍼센트 떨어뜨린다. 이것은 MIT의 대런 애쓰모글루Daron Acemoglu 경제학 교수와 보스턴 대학교의 파스쿠알 레스트레포Pascual Restrepo 교수가 미국 국립경제연구소National Bureau of Economic Research, NBER 보고서에 발표한 내용이다.

로봇이 미국을 비롯해 세계 전 지역의 노동 시장에 변화를 가져오고 있음은 의심의 여지가 없으며 이런 변화는 앞으로도 계속된다. 그리고 자동화는 조만간 기술 실업의 요인이 될 인공지능과 결합한다.

애쓰모글루와 레스트레포 교수는 1993~2007년 동안 산업용 로봇이 지역의 노동 시장에 미친 영향을 조사했다. 여기서 산업용 로봇은 '자동으로 제어되고 재프로그래밍이 가능하며 다용도로 사용되는 기계'로 정의되며 두 사람은 특히 인간 작업자가 필요하지 않고 용접, 페인팅, 조립, 자재 운반, 포장 등 여러 가지 수동 작업을 수행할 수 있는 '완전 자동화된' 기계에 주목했다. 이들은 로봇 한 대가 도입될 때마다 1,000명의 노동자 중 고용 비율이 0.18~0.34퍼센트포인트 하락하며 임금도 0.25~0.5퍼센트 감소하는 것으로 추산했다. 그리고 조사 기간 동안 미국의 산업용 로봇은 4배 증가했다.

이들이 얻은 조사 결과는 이렇다. "이전까지는 미국 경제에서 상대적으로 로봇의 수가 적기 때문에 로봇으로 사라진 일자리의 수는 제한적이었다(35만~67만 개로 추산된다). 그러나 향후 20년 동안 전문가들의 예측대로 로봇이 확산된다면 그 영향은 훨씬 더 커진다. 관리자를 제외한 거의 모든 직업이 부정적인 영향을 받는다. 가장 많이 줄어들 일자리에는 일상적 수동 작업, 블루칼라 노동자, 오퍼레이터와 조립 노동자, 기계공과 운송 노동자가 포함된다."

전문가들은 2025년까지 미국의 로봇 수는 네 배 증가하고 노동자 1,000명당 로봇의 수는 5.25대를 초과한다고 예상한다(현재 미국에서 노동자 1,000명당 산업용 로봇의 수는 1.75대다). 이렇게 되면 2025년까지 고용 비율은 0.94~1.76퍼센트포인트 하락하며 임금은 1.3~2.6퍼센트 하락한다. 이 말은 10년 안에 190만~340만 명이 일자리를 잃는다는 의미다. 물론 이 모든 것은 미래의 경제가 오늘날의 경제와 같은 방식으로 움직인다고 가정할 때의 이야기다.

자동화의 흐름은 멈출 수 없지만 자동화의 영향을 완화할 수 있는 방법은 있다. 빌 게이츠는 로봇에 세금을 부과할 것을 제안했다. 그렇게 징수된 세금은 로봇으로 대체된 노동자를 재훈련시키고 재정적으로 지원하는 데 사용될 수 있다. 그리고 노동자들은 보건, 교육 등 다른 분야로 전직할 수 있다. 이와 비슷하게 로봇 회사들이 대체된 노동자들을 돕는 방법도 있다. 그러나 장기적으로 생각해야 할 점들이 있고 인공지능의 발전으로 초래될 기술적 실업 문제도 있다. 상황이 나빠지면 정부는 대공황 시대와 비슷한 규모로 경제를 재편성해야 할 수도 있다. 그 당시 처음으로 복지국가의 개념이 탄생했다. 결국 정부는 기본소득제도를 시행하게 될 수도 있다.

어쩌면 미래는 생각만큼 끔찍하지 않을 것이다. 인간은 적응력이 뛰어나다. 기계가 인간이 수행하던 위험하고 힘든 일을 대신하는 동안 인간은 스스로 자신의 일을 찾아낼 것이다.

로봇은 새로운 일자리도 만든다

앞서 살펴봤듯이 기술이 기하급수적으로 발전하면서 기계들이 과거에는 결코 하지 못했던 일들을 하게 되고 이로 인해 일자리가 사라진다는 우려도 커지고 있다. 맥킨지 글로벌 연구소가 발표한 최근 보고서에 따르면 현재 전 세계 직업 활동의 49퍼센트, 근로자 11억 명의 일자리가 완전히 자동화되고 있다.

하지만 동전의 다른 면, 즉 자동화가 일자리를 창출하기도 한다는 사실은 이슈화되지 못하고 있다. 실제로 자동화는 새로운 일자리를 창출한다. 세계 최대의 소매업체인 아마존이 대표적인 경우다. 아마존은 2012년 키바 시스템즈Kiva Systems를 7억 7,500만 달러에 인수했다. 그리고 창고 관리를 하는 로봇 키바를 설치해 업무의 효율성을 높이고 물류비용을 약 20퍼센트 절감했다. 현재 아마존은 전 세계에 물류 창고를 109개 가지고 있으며, 이 중 우선적으로 10여 개의 창고에 키바 로봇을 설치했다.

아마존은 물류센터 로봇 덕분에 비용을 줄이고 그 혜택을 고객에게 돌릴 수 있게 됐다. 사람들은 아마존을 더 많이 이용했고, 늘어난 수요를 충족시키기 위해 아마존은 더 많은 근로자를 고용했다. 성공의 선순환 구조다.

그렇다면 로봇이 하는 일은 무엇이고 사람이 하는 일은 무엇일까? 현재는 정밀한 운동 기술이 필요하거나 판단 또는 예측이 불가능한 작업은 사람들이 처리한다. 예를 들면 배달 트럭에서 떨어지는 품목을 창고 선반에 적재하는 것은 사람이다. 물건을 꺼내 바코드를 찍고 모니터를 터치해 수량을 입력하며 재고관리를 한다. 로봇이 하기 어려운 섬세한 부분을 담당하는 것이다. 반면 로봇은 통제된 환경에서 정

아마존 물류 창고에서 운영 중인 키바 로봇

상적으로 예측 가능한 작업을 수행한다. 키바 로봇들은 선반 사이에서 팔레트를 움직이고 무거운 물건을 들어 올리는 일을 맡고 있다. 창고의 한쪽 끝에서 다른 끝까지 물품을 이동시키는 일을 로봇이 해주면 창고 노동자의 부담이 줄어든다.

현재의 기술로서는 사용 가능한 공간을 고려해 선반에 물건을 채울 수 있는 로봇을 제작하는 비용은 사람들을 고용하는 것보다 비용이 많이 들고 합리적이지도 않다. 마찬가지로 출고 주문 업무의 경우도 로봇은 리프팅과 운송 업무를 맡을 뿐 선별과 포장 업무는 하지 않는다. 선반 운반 로봇은 해당 물품이 담긴 전체 선반을 창고 직원의 작업 공간으로 가져올 뿐이며, 직원이 올바른 품목을 선택하고 이를 다른 직원이 포장할 수 있도록 컨베이어 벨트에 올려놓는 일을 한다. 트럭에 화물을 적재하는 일은 공간적 판단이 필요하고 예측이 불가능하기 때문에 아직은 로봇이 아닌 사람이 필요하다.

2016년 아마존은 로봇 인력을 3만 대에서 4만 5,000대로 50퍼센트 늘렸다. 그러면 로봇을 늘리면서 1만 5,000명의 사람들을 해고한 것일까? 그렇지 않다. 오히려 같은 기간 동안 고용 인력을 약 50퍼센트 늘렸다. 나아가 아마존은 향후 18개월 동안 미국에서 10만 개가 넘는 새로운 풀타임 일자리를 창출할 계획이라고 발표했다. 새로운 일자리는 전국적으로 분포되며 다양한 유형의 경험, 교육, 기술 수준이 포함된다.

지금은 더 많은 로봇이 필요하면 더 많은 사람도 필요하다. 앞으로 영원히 지속되지는 않겠지만, 현재 아마존에서 이뤄지는 로봇과 인간의 균형은 직원들의 좋은 평가를 얻고 있다. 대개 자동화는 일자리를 앗아가지만 때로는 이렇게 만들어 내기도 한다.

더 많은 인간을 구하는 구조 로봇의 탄생

제조업 노동자 이외에 로봇이 새롭게 두각을 드러낼 수 있는 분야는 또 있다. 바로 재난 현장이다. 2001년 미국의 9·11 테러부터 2011

년 동일본 대지진, 2015년 네팔 지진까지 전 세계적으로 자연재해와 테러 등 많은 재난이 지구를 덮쳤다. 매년 100만 명이 재난으로 사망한다. 이런 재난 현장에 가장 먼저 도착하는 사람은 누구일까? 당연히 소방대원과 구조대원이다. 하지만 앞으로는 사람이 아닌 로봇이 그 현장에 달려갈 것이다. 재난 현장에서는 초기 대응이 가장 중요하다. 하지만 그만큼 초기 현장은 인간이 투입되기에 매우 위험한 상태다. 만일 위험한 초기 재해 현장 위를 로봇이 날아가고, 뚫고 들어가고, 수영해서 가고, 기어갈 수 있다면 어떨까?

미국에서 2001년 9월 11일에 일어난 테러는 미국 역사에 많은 기록을 남긴 바 있다. 이 사고로 3,000명에 이르는 사람들이 사망했다. 그런데 그 현장에 조그마한 역사적 사실 하나가 있었다. 미국 역사상 최초로 수색과 구조 작업에 로봇이 사용됐던 것이다. 이 분야에서 선도적인 텍사스 주 A&M 대학교의 로봇지원구조센터CRASAR 로빈 머피Robin Murphy 소장 덕분이었다. 9·11 테러 이후 머피의 팀과 로봇들은 허리케인 카트리나와 크랜달 캐니언 광산 붕괴 등 12개국에서 발생한 약 50건의 재해에 로봇을 이용해 초기 대응에 성공했다. 허리케인 카트리나 때는 무인항공기가 처음으로 사용되기도 했다. 이제 무인항공기는 재난 현장을 조감하는 데 필수적인 도구다.

2001년 이후 15년 동안 로봇공학자들은 구조 작업을 돕거나 재난 지역을 맵핑하는 데 필요한 소형 로봇, 높이 점프해서 파편 사이를 빠져나가는 바이오봇biobot 등 온갖 기계를 만들어 냈다. 일부 로봇은 휴

땅속을 기어들어 갈 수 있는 구조 로봇에 대해 설명하는 로빈 머피

머노이드 형태였고 일부는 소형 화성탐사 로버rover(이동형 로봇) 같은 모양을 하고 있다. 노스캐롤라이나 주립대학의 연구원들은 원격으로 제어할 수 있는 곤충 사이보그를 만들었다. 리모컨으로 제어되는 센서가 장착된 바이오 로봇은 붕괴된 건물이나 위험하고 맵핑이 불가능한 지역에 투입되어 재난 현장의 지도를 만든다. 캘리포니아 대학교 버클리 캠퍼스의 던컨 홀데인Duncan Haldane 교수는 수직 도약으로 유명한 아프리카의 야행성 영장류인 갈라고(여우원숭이의 일종)를 모델로 하여 세계에서 가장 높이 뛰는 로봇을 개발했다. 이탈리아 과학자들은 워크맨Walk-Man을 개발하고 있다. 워크맨은 2미터 크기의 재난구호 로봇으로 섬세한 조작이 가능한 손을 가지고 있으며 인체와 유사하게

관절을 사용해 움직일 수 있다. 워크맨에는 스테레오 비전 시스템과 회전 3D 레이저 스캐너가 장착되어 있다. 홀데인과 마찬가지로 이탈리아 과학자들 역시 생물학에서 단서를 얻었다.

워크맨과 바이오 로봇은 구조 로봇의 미래를 보여 준다. 이 구조 로봇으로 기존의 소방대원들과 구조대원들이 일자리를 잃어버리게 될까? 결론부터 말하면 로봇 때문에 그들의 일자리가 위협받지는 않는다. 오히려 반대로 그동안 위험을 무릅쓰며 일하던 사람들이 좀 더 안전하고 효율적으로 일할 수 있게 된다. 결과적으로 더 많은 사람들을 재난에서 구해 낼 것이다. 앞으로는 재난 현장에 다양한 형태의 로봇들이 등장한다. 재난이 발생하면 이제는 슈퍼맨이 아니라 로봇이 구조하러 오는 세상이 된다. 소수의 기기들이 실제로 배치되기도 했지만 많은 로봇들이 아직 개발 중이다.

머피는 테드 우먼 토크에서 재난 대응 시간을 하루 줄일 수 있으면 총 복구 시간을 1,000일 줄일 수 있다고 말했다. 초기 대응에 걸리는 시간을 하루만 줄일 수 있어도 전체 복구에 걸리는 시간을 획기적으로 단축할 수 있다는 것은 놀라운 일이다. 재난 현장에 투입되는 로봇은 이런 시간 단축을 가능하게 한다. 뿐만 아니라 소방대원과 구조대원이 더 안전하게 생명을 구할 수 있도록 도움으로써 더 많은 인명을 구해 낼 수 있다. 머피는 그의 책에서 재난 상황에 도움을 줄 수 있는 로봇 연구자들의 역할을 강조한 바 있다. "나와 동료들은 재난 구조대원이 아닌 로봇공학 연구원이다. 우리의 임무는 구조자가 사용하기 쉽고 효과적인 구조 로봇을 제공하는 것이다. 구조 로봇은 사람이나 구조견을 대신하지 않는다. 그들은 사람이나 구조견이 갈 수 없는 곳으로 가서 혁신적인 방식으로 구조 대상자를 지원한다."

결과적으로 로봇이 거리와 실내를 누비게 될 미래에는 SF 영화처럼 인간이라는 종이 사라지거나 위협받는 일이 일어나지 않는다. 산업 현장에서, 재난 현장에서 로봇은 인간과 함께 일하고 인간을 구하는 필요한 존재로 역할하며 인간은 로봇과 기술을 개발하는 위치에 여전히 서게 된다. 우리가 의심하고 우려해야 할 것은 로봇이 아니라 모두에게 이익이 되는 미래를 상상하지 못하는 인간이다.

AI 로봇으로 더 빨라지는 패스트푸드

속도가 생명인 패스트푸드에 또 한 번의 속도 혁명이 이뤄질 전망이다. 햄버거 가게 점원이 로봇 조수를 두고 일하게 될 날이 멀지 않았다. 조만간 미국과 전 세계의 캘리버거CaliBurger 매장에서는 로봇이 만든 햄버거를 먹게 된다. 미소 로보틱스Miso Robotics가 캘리 그룹과 협력 관계를 맺고 개발한 인공지능 버거 로봇 '플리피'Flippy는 얼마 전 캘리포니아 주 패서디나에 있는 캘리버거 매장에서 근무를 시작했다.

현재까지 이 버거 로봇이 하는 일은 단순하다. 고객들이 패스트푸드 매장에서 햄버거를 주문하면 주방에 있는 로봇이 햄버거 패티를 구워 빵 위에 올린다. 단순한 작업이지만 햄버거 패티를 뒤집는 일은 매장 직원들이 힘들어 하는 일 중 하나다. 캘리버거는 이 일을 로봇이 맡으면 인건비를 절약할 수 있을 것으로 기대하고 있다.

플리피가 이 분야에서 최초의 발명품은 아니다. 샌프란시스코에 있는 모멘텀 머신Momentum Machines은 한 시간에 수백 개의 패티를 뒤집는 로봇을 개발했다. 다른 점이 있다면 모멘텀 머신의 로봇은 자동차 공장의 조립 라인 로봇처럼 모든 것을 완벽하게 정렬해 정확하고 일관되게 배치된 작업을 수행하는 반면, 플리피는 자율주행 기술이 적용된 무인자동차와 마찬가지로 스스로 정보를 식별하고 경험을 통해 '학습'한다. 경험이 쌓이면 학습 능력이 향상되어 다른 주방 업무를 돕도록 훈련을 받을 수도 있다. 이런 유연성은 일반 로봇의 유연성이 향상되고 있음을 보여 주는 좋은 예다. 인공지능 소프트웨어와 결합된 이런 기계를 이용하면 어쩌면 햄버거뿐 아니라 치킨이나 생선 요리를 시킬 수도 있다.

플리피가 레스토랑에 적용될 때 가장 매력적인 기능 두 가지는 소형화와 적응성이다. 플리피는 표준 그릴이나 튀김기 옆에 설치할 수 있다. 즉, 부엌을 확장하거나 다시 설계하지 않고도 플리피를 사용할 수 있다. 캘리버거는 앞으로 2년 내로 전 세계 50개 이상의 레스토랑에서 플리피를 사용하겠다고 선언했다.

그렇다면 캘리버거의 라인 쿡을 비롯해 레스토랑 업계의 저숙련 직종의 미래는 어떻게 될까? 이미 맥도날드, 웬디스 등 전 세계 패스트푸트 매장에는 무인주문 기계가 설치되어 매장 내 직원들을 대체하고 있다. 이렇게 레스토랑 운영이 자동화되면 라인 쿡과 같이 미숙련 일자리에 대한 수요는 줄어든다. 하지만 고도의 숙련 직원에 대한 수요는 더욱 급증하게 된다. 만일 일자리 수가 안정적으로 유지된다고 해도 기술 격차를 줄이기는 어렵다. 한 가지 가능한 해결책은 다른 기술이 필요한 실직 근로자를 재교육하는 것이다.

로봇이 만드는 햄버거는 소비자와 식당 업계 모두에게 이익을 가져온다. 절약된 인건비는 더 나은 품질의 재료를 들여오는 데 사용될 수 있다. 그리고 주방에서 가장 위험한 작업을 기계가 수행함으로써 안정성과 효율성을 향상시킬 수 있다.

02
무인자동차,
도시의 지형을 바꾸는 자율주행 기술

인류가 만들어 낸 가장 파괴적인 도구

3,000년 동안 마차를 타고 다니던 인간이 자동차를 타고·다니기까지 그 변화에 걸렸던 시간은 과연 얼마였을까? 1900년 처음 한두 대 등장했던 자동차가 거리를 뒤덮는 데에는 불과 13년밖에 걸리지 않았다. 오늘날 우리는 100년 역사의 자동차가 혁명적 변화를 맞이하기 직전에 와 있음을 볼 수 있다.《에너지 혁명 2030》의 저자 토니 세바는 그의 책에서 2030년 미국 내 95퍼센트의 승객이 무인 자율주행 자동

차를 타게 되고, 그 차들이 하루 종일 주차하지 않고 수많은 사람들을 태우고 내려주면서 더 많은 거리를 주행하기 때문에 결국에는 자동차 회사의 붕괴가 일어난다고 예측했다.

이처럼 무인자동차 기술은 역사상 가장 파괴적인 기술이다. 앞으로 이보다 더 많은 파괴적인 기술들이 등장하겠지만 현재 우리의 일상생활에서 이보다 더 큰 변화를 가져오는 기술을 상상하기는 어렵다. 무인자동차 기술은 바퀴, 불, 전기, 상하수도 시스템 같은 과거의 혁신보다 더 파괴적이다. 훨씬 더 짧은 기간에 더 많은 사람들에게 영향을 미치기 때문이다. 앞으로 소개할 시나리오들을 보면 이런 영향이 얼마나 엄청난 것인지 이해할 수 있다.

무인자동차의 경제학은 매우 매력적이다. 무인자동차는 사회가 모든 단계에서 이 기술을 더 많이 채택하도록 영향을 행사하며 그 과정은 매우 자연스럽다. 이는 도시에서 특히 더 그렇다. 대부분의 도시들은 무인자동차가 거리로 나오면 현재 거두는 세금 수입의 50퍼센트 이상을 잃는다. 그리고 재산 가치, 토지 이용, 구역 설정, 교통, 운송, 세금, 공공 안전에 관한 개념이 예전에는 전혀 상상하지 못했던 방식으로 변한다. 향후 20~30년 동안 도시는 예측할 수 없는 수많은 위기와 거대한 변화에 대응해야 하는 상황을 맞게 된다.

무인자동차가 바꿔 놓을 도시의 풍경

가장 먼저 나타나는 변화는 무인자동차의 대규모 선단이 등장하는 것이다. 허츠나 에이비스, 제너럴 모터스를 비롯해 포드, 우버, 리프트 같은 회사들이 무인자동차 선단을 보유하고 자동차의 청소와 유지, 수리 책임을 지게 된다. 또한 자동차 설계 분야에서도 상당한 영향력을 갖게 된다.

배터리 수명이 향상되고 충전소가 자동화, 대량화되면서 전기자동차에 대한 수요가 2020년 이후 기하급수적으로 증가하고 대형 자동차 선단 소유 회사는 전기자동차만 구매한다. 도시의 자동차들이 전기자동차로 바뀌면 이제까지의 도시 풍경은 크게 달라진다. 덜컹거리는 엔진, 냄새 나는 배기가스, 시끄러운 소음 등은 모두 먼 추억으로 사라진다.

거리에는 무인자동차들이 건물에서 오고가는 사람들을 기다린다. 대부분의 승객은 한 명이고 대부분의 무인차는 1인승이다. 자동차 안에는 와이파이, 컴퓨터 테이블, 비디오게임, 영화, 음악, 가상현실 기기 같은 재미있고 편안한 공간을 위한 모든 기능이 갖춰져 있다. 가족, 커플, 그룹을 위한 더 큰 차량도 부를 수 있고 필요에 따라 고급 차량을 요청할 수도 있다. 이에 따라 렌터카 사업은 소멸하고 택시, 리무진, 셔틀, 발렛 주차 서비스와 주차장도 사라진다.

운송 및 관련 산업의 붕괴 시나리오

무인자동차 시대로 빠르게 접어들면 모든 형태의 운송 수단들이 사라진다. 다음은 상황적 미래예측기법situational futuring method을 통해 예측한 미래 시나리오다.

소매판매세의 감소로 자동차 산업의 지형이 바뀐다

미국의 통계치를 기준으로 살펴봤을 때 주정부와 지방정부의 판매세 수입 중 약 40퍼센트는 자동차 판매에서 발생한다. 게다가 오늘날 소매 산업의 10퍼센트 이상은 자동차와 관련돼 있다. 만일 자동차 소유의 개념이 사라지면 사람들은 자동차의 유지 보수와 효율성에 덜 투자하게 된다. 그러면 주유소, 세차장, 타이어 교체, 브레이크 교체 등 자동차 수리와 자동차 부품 상점, 렌터카 대행사 및 자동차보험 사무소 등은 급속히 줄어들거나 사라진다. 심지어 자동차 판매업소도 줄어든다. 따라서 이 모든 자동차 관련 산업의 판매세 수입 감소는 결코 과소평가할 수 없는 수치가 된다.

교통과 관련된 경찰, 변호사, 운전교육 분야가 사라진다

무인차로 전환되면 더 이상 과속 위반이 없고 신호등에서 멈추지 않는 차량도 없으며 음주운전과 난폭운전도 사라진다. 미국의 경우 대부분의 도시에서 경찰 인력의 80퍼센트가 교통 통제 업무를 하고 있는 것으로 조사된다. 음주운전, 과속, 주차단속 등의 업무가 사라지면 경찰의 업무와 부서는 최소한으로 축소된다. 교통법규 관련 법원, 판사, 변호사, 운전교육, 음주운전 검문 경찰, 자동차 교육 시설 등도 모두 사라진다. 세입뿐만 아니라 관련 분야의 직원 수도 줄어들거나 없어진다.

공항과 주차장의 자동차들이 사라진다

국제공항협회 북미지부ACI-NA 자료에 따르면 공항 수익의 41퍼센트는 주차와 육상 운송에서 발생했다(2013년 통계 자료). 오늘날 공항은 놀라울 정도로 복잡해졌다. 이제 공항은 전 지역을 이동하는 사람들의 거대한 교차로로 발전했다. 렌터카, 버스, 택시, 셔틀, 리무진, 밴, 트럭, 스쿠터, 기차 등 대형 공항에서 운행되는 차량 수는 수백 대에서 수천, 수만 대로 증가했다. 하지만 무인자동차 시대가 오면 이 모든 것이 사라진다. 공항과 더불어 도시 전역의 주차장도 수익과 직원을 잃기 시작한다.

모든 대형 상점의 위치가 재배치된다

이제까지는 매장이 어디에 위치하느냐에 따라 소매업의 성공 여부가 달라졌다. 특히 주차와 상점 접근성이 매장의 성공에 크게 영향을 미쳤다. 하지만 무인자동차로 주차 수요가 감소하면 매장의 위치는 재배치된다. 앞으로는 무인자동차가 신속하게 차를 세울 수 있고, 승객이 쉽게 내려서 원하는 곳으로 움직일 수 있는 형태로 공간 재배치가 이뤄진다. 그렇게 되면 지하도 상점도 사라질 수 있다. 무인차는 모두 지상에 승객을 내려줄 것이기 때문이다.

교통사고가 사라져 의료비용이 줄어든다

미국 국립안전위원회National Safety Council의 추산에 따르면 2015년 한 해에 교통사고로 3만 8,300명이 사망하고 440만 명이 부상당했다. 무인자동차 기술은 이런 숫자를 사실상 0으로 만들어 놓을 가능성이 있다. 미국 질병관리본부는 교통사고 사망자 3만 8,300명은 희생자 가족 및 친구들의 헤아릴 수 없는 부담을 제외하고도 순전히 의료 및 근로 손실 비용만 계산할 때 630억 달러에 해당된다고 추정했다. 하지만 무인자동차가 상용화되면 교통사고가 사라져 미국에서만 5,000억 달러(약 520조 원)에 이르는 사회비용이 줄어들게 된다.

유류세, 자동차 면허·등록이 소멸한다

매해 자동차 소유자들이 지출하고 있는 유류세, 자동차 면허 및 등록비용은 수천억 달러에 이른다. 만약 무인자동차 회사가 자동차 면허와 등록을 자동화 방식으로 처리하면 이 비용은 획기적으로 줄어든다. 또한 대체에너지가 발전하고 전기자동차로 대규모 전환되면서 석유 제품에 대한 전반적인 의존도가 떨어지고 석유를 사용하지 않게 된다.

도시 채권이 위기를 맞는다

대부분의 지방채는 30년 정도의 장기 상환 계획으로 발행되며 그 기간 동안 자금의 흐름이 상대적으로 일정하게 유지된다는 가정 아래 발행된다. 예를 들면 도시는 유료도로를 사용하는 사람들이 증가하는 것을 예측하고 유료도로 건설을 위해 채권을 발행한다. 하지만 무인자동차들이 등장해 유료도로를 사용하지 않고도 빠르게 이동할 수 있게 되면 예상되는 수입이 급감한다. 또한 무인자동차가 상용화되면 대형 주차 건물을 건설하기 위해 채권을 발행한 도시들은 조만간 주차장이 비게 되고 수익이 감소하는 사태를 맞는다. 거대한 주차 건물은 철거되지만 부채는 여전히 남는 것이다.

자동차 보험 산업이 사라진다

매년 일어나는 교통사고의 90퍼센트 이상은 운전자 과실로 인한 것이다. 미국의 개인 자동차 보험료 총액은 2014년 기준 약 1,860억 달러였다. 세계적인 회계 컨설팅 기업인 KPMG 인터내셔널에 따르면 2040년에는 교통사고가 현재의 80퍼센트로 감소한다. 이는 자율주행 기술로 더 안전한 무인자동차가 도입되기 때문이다. 무인자동차의 도입이 더 빨리 이뤄지면 교통사고 감소 현상은 훨씬 빨리 시작된다. 신차와 부품 가격이 비싸서 사고당 비용이 크게 상승할 수는 있겠지만, 무인자동차가 보급되면 교통사고 자체가 극적으로 감소하면서 보험료가 크게 줄어든다.

비즈니스 입지 조건은 더 이상 중요하지 않다

미래에는 운전자가 사라지면서 승객들은 출퇴근길에서 일하고, 영화를 보고, 게임을 즐기게 된다. 사람들은 운전을 하고 있을 때는 길에 있는 랜드마크에 주의를 기울이고 그로써 위치를 인식했다. 하지만 승객일 때는 지역의 랜드마크에 거의 주의를 기울이지 않는다. 또한 인구의 과밀 현상은 공식적으로 종말을 맞이한다. 인구 과잉을 상징하는 것은 무엇보다 교통체증이다. 교통 흐름이 원활하게 흐르면 사람들은 삶에 대한 통제력을 되찾기 시작하고 과밀하다는 느낌을 받지 않게 된다. 과거 비즈니스에서 가장 중요한 것은 입지 조건이었다. 하지만 랜드마크와 교통체증이 사라지면 더 이상 그런 입지 조건이 중요하지 않게 된다.

전반적인 운송비용이 50퍼센트 줄어든다

미국 자동차서비스협회의 2015년 연구에 따르면 1년간 1인당 평균 24킬로미터를 주행하며 자동차에 들어가는 비용은 연간 8,698달러로 한 달 평균 725달러다. 하지만 무인자동차는 같은 거리에 대한 연간 운송비용 지출이 4,200달러, 한 달 평균 350달러다. 시간이 지나면 무인자동차 선단 소유 회사는 더욱 효율적인 시스템을 개발할 것이고 이로써 운송비용은 더욱 떨어지게 된다.

자동차 소유가 매우 비싼 취미가 된다

무인자동차의 일상화는 자동차 소유를 매우 사치스러운 취미로 바꾼다. 판매대리점과 주유소가 줄어들면서 자동차를 소유하고 유지하는 데 드는 전체 비용이 상향 조정되기 시작한다. 그리고 무인자동차가 출퇴근 교통량의 50퍼센트를 차지하는 시점에 도달하면 전통적인 자동차를 소유하는 비용은 급등한다.

무인자동차가 가져올 변화에 대해 아직 살펴보지도 못한 수천 가지의 세부 사항이 있다. 하지만 당장 몇 가지만 봐도 거대한 변화가 다가오고 있음을 알 수 있다. 무인자동차는 우리가 단순히 거리를 이동하는 방식의 변화뿐만 아니라 쇼핑센터, 엔터테인먼트 사업, 레스토랑, 건물, 주택, 병원, 교회의 설계를 바꾼다. 사회의 거의 모든 측면이 무인자동차와 관련이 있는 것이다. 무인자동차가 등장하면서 사라진 일자리는 새로운 일자리로 다시 창조되고, 사라지는 기업은 혁신적인 비즈니스로 대체된다. 한 가지 확실한 것은 정부의 규모가 축소된다는 점이다. 일반 자동차의 판매 감소로 세수가 줄기 때문이다. 교통과 운송 산업은 더욱 빠르고 저렴하고 쉬워진다. 사회는 더욱 유동적으로 바뀐다.

물론 무인자동차가 앞으로 나아갈 길은 무수한 지뢰와 함정으로 뒤덮여 있다. 2016년 테슬라의 모델 S가 오토파일럿 상태에서 인명 사고를 낸 문제가 되기도 했다. 수많은 일이 잘못될 수 있고 여정은 결코

순탄하지 않을 것이다. 그러나 과거에도 TV, 전화, 인터넷 등 모든 기술이 초기 단계에서 넘을 수 없을 것만 같은 수많은 문제에 직면하곤 했다. 수십 년 동안 수정과 보완을 통해 현재와 같이 발전한 것이다. 무인자동차도 마찬가지다. 이런 문제들은 발생할 때마다 해결이 되고 더 나은 방향으로 나아갈 것이다. 무인자동차의 안전성 같은 문제도 해결은 시간문제일 뿐이다.

무인자동차 시대에 사라질 20가지 일자리

무인자동차는 향후 20~30년 동안 지금 존재하는 일자리의 25퍼센트가 사라지는 데 직간접적인 영향을 미친다. 하지만 이는 일부에 불과하다. 모든 국가의 모든 사회가 무인자동차와 관련이 있다. 그러나 일자리 손실은 새로운 일자리 창출로 상쇄될 수 있다. 사라지는 기업들은 무인자동차가 제공하는 새로운 기능에 기반한 새로운 기업들로 대체된다.

운전 관련 직업

자동차를 운전하는 직업은 오늘날 세계에서 가장 일반적인 직업에 속한다. 그러나 무인자동차가 상용화되면서 앞으로 수십 년 이내에 탈 것의 운전과 관련된 모든 직업이 사라진다.

1. 택시, 버스 기사

2. 개인 고용 운전기사

3. 배달, 택배 기사

4. 견인차, 리무진, 지게차, 굴착기, 크레인 등 기타 특수자동차 운전
   기사

자동차 유지 보수 및 지원 관련 직업

자동차 운전과 함께 운송 산업에는 여기서 파생된 수많은 직업들
이 있다. 이들 직업도 함께 사라진다.

5. 운전면허 시험 교사

6. 운전면허 시험관

7. 교통 리포터

8. 교통 분석원

9. 자동차 렌트 대리점 직원

10. 자동차 충돌 시험 연구원

11. 자동차 수리점 및 자동차 부품 상점 직원

12. 주차 단속원

13. 주차 요금 징수원

14. 신호등 설치업자

15. 도로, 주차장 차선 도색 업자

자동차 판매, 금융, 보험 관련 직업

무인자동차가 도입되면 자동차를 소유하는 개념에서 공유하는 개념으로 전환되면서 자동차 판매 및 보험 같은 운송 산업과 관련된 직업들 상당수가 사라진다.

16. 자동차 판매 사원
17. 자동차 경매원
18. 보험 대리인
19. 보험 손해사정인
20. 보험 콜센터 직원

'자율주행 혁명', '무인 혁명'이 다가오고 있다. 교통이 더 빠르고, 저렴하고, 쉬워질수록 우리는 더 많은 것을 할 수 있다. 우리는 자연스럽게 매우 유동적인 사회로 나아가고 있다. 게다가 무인자동차 기술은 자동차뿐 아니라 기차, 비행기, 잠수함 등에도 적용된다. 모든 분야에서 폭발적인 변화가 일어나고 있다. 이 혁명적인 기술은 조만간 지구상 모든 사람의 삶에 커다란 영향을 미치게 된다.

03
인공지능, 미래의 일상을
함께하는 AI 로봇

머신 러닝, 스스로 학습하는 기계

인공지능 기술은 전 세계에서 급속도로 발전하고 있고 모든 분야
에 적용되고 있다. 지난 20년 동안 SF 소설에나 존재하던 인공지능은
이제 과학과 경제 분야에서 현실이 되고 있다. 1997년 IBM의 딥블루
Deep Blue 컴퓨터는 체스 그랜드마스터인 개리 카스파로프Garry Kasparov
를 물리쳤고 2011년에는 슈퍼컴퓨터 왓슨Watson이 〈제퍼디!〉Jeopardy!
퀴즈쇼 챔피언 두 명을 이겼다. 이는 컴퓨터가 단순히 계산하는 것뿐

아니라 질문에 답변할 수 있는 상황적 지식을 가지고 있으며 인간의 모든 측면에 대한 방대한 사실을 학습할 수 있다는 것을 의미했기에 매우 중요한 사건이었다. 그리고 아마도 인공지능의 가장 인상적인 업적은 1년 전 구글의 알파고AlphaGo가 바둑에서 한국의 이세돌 기사를 물리친 일일 것이다.

다섯 번의 바둑 대국에 앞서 구글은 바둑의 잠재적인 경우의 수가 우주 안에 존재하는 원자의 수와 같다고 설명했다. 따라서 바둑에서 이기기 위해서는 뛰어난 직관력이 필요하다. 그런 바둑에서 알파고는 이세돌 기사를 4 대 1로 이겼다. 경기 전만 하더라도 알파고가 이긴다는 것은 거의 불가능하다고 예측되었다. 하지만 알파고는 승리했다. 그 이유는 컴퓨터가 데이터 프로그래밍에서 알고리즘 프로그래밍으로 옮겨 가면서 스스로 학습할 수 있게 되었기 때문이다.

지금까지 우리는 '인공지능'이라는 용어를 사용했다. 하지만 이제 이 단어는 미래의 놀라운 기술에 대한 잘못된 이름이며, 마치 새로운 것을 오래된 단어로 묘사하는 것과 같다(예를 들면 엔진의 힘을 아직도 마력馬力으로 측정하는 것과 같다). 인공지능은 현재도 널리 사용되고 있는 단어지만 더 정확하게 말하면 '머신 러닝'machine learning이다. '인공'이라는 단어는 '사람이 만든 것'이라는 뜻이다. 하지만 머신 러닝은 사람이 시켜서가 아닌 '기계 스스로' 학습을 한다. 따라서 머신 러닝의 정의는 '이전의 결과를 토대로 자신의 성능을 향상시키는 기계의 능력'이라고 할 수 있다. 이것이 바로 기계가 지금 하고 있는 일이다.

아마도 많은 소비자들이 애플의 디지털 비서 시리Siri에서 머신 러닝을 처음 접했을 것이다. 현재 인공지능 기기의 선두주자는 아마존이 세계 최초로 선보인 음성인식 인공지능 비서 '알렉사'Alexa다. 알렉사는 계속 학습하고 있다. 알렉사의 학습은 인공적인 것이 아니라 실제적인 학습이다. 이 기계에 주입된 것은 데이터가 아니라 스스로 학습할 수 있는 알고리즘이다.

이것이 왜 중요할까? 이 질문에는 몇 가지 심오한 대답이 있다. 하지만 여기서는 기업과 경제적인 측면에 대해서만 이야기하고자 한다. 옥스퍼드 대학교의 연구에 따르면 향후 15년 이내에 미국의 현존하는 직업 중 47퍼센트가 인공지능으로 대체된다. 2030년에 현재의 직업 절반이 사라지면 그 결과가 어떻게 될지 생각해 봐야 한다. 이런 현실을 받아들이고 대비하기 시작하지 않으면 엄청난 혼란과 갈등에 처할 것이다. 그리고 더 큰 문제는 사실상 모든 직업이 위험에 처해 있다는 점이다. 화이트칼라 직종에 종사하는 사람들은 주로 공장과 서비스 직종이 위험에 처해 있다고 생각하지만 실제로는 전혀 그렇지 않다.

디지털 기술 분야의 전문가 셸리 파머Shelly Palmer는 최근 보고서에서 미래에 머신 러닝으로 대체될 가능성이 가장 높은 직종과 가장 낮은 직종을 구별했다.

- 머신 러닝으로 대체될 가능성이 가장 높은 직종: 텔레마케터, 중간 관리자, 영업사원, 방송작가, 아나운서, 회계사, 의사

- 머신 러닝으로 대체될 가능성이 가장 낮은 직종: 유치원 및 초등학교 교사, 프로 운동선수, 정치인, 판사, 정신건강 전문가

머신 러닝 기술은 좋은 것도 나쁜 것도 아니다. 즉, 좋으면 받아들이고 나쁘면 거부할 수 있는 그런 변화가 아니다. 머신 러닝은 오늘과 내일의 가장 중요한 기술이다. 사실 우리는 머신 러닝 시대가 올 것임을 알고 있다. 그리고 개인적이든, 집단적이든 적응할 수 있는 시간이 아직 있다.

더 큰 문제는 인간과 기계의 관계가 시장과 경제에서 현실이 되면 모든 것이 변한다는 점이다. 인류 역사상 처음으로 우리는 우리와 동등하거나 더 나은 지성과 공존하는 것에 적응해야 한다. 기계 지성은 우리를 대체할 수도 있고 인간의 삶을 다시 정의할 수도 있다. 앞으로 우리의 세계와 일상을 크게 바꿔 놓을 이 변화에 대해 진지하게 고려해야 한다.

인공지능이 바꿀 미래의 일곱 가지 핵심 산업

2030년, 인공지능은 우리의 일상을 어떻게 바꾸어 놓을까? 기계와 기술의 발달은 인간의 삶에 어떤 영향을 미칠까? 이에 대해서는 많은 전문가들이 연구 결과를 내놓고 있다.

마이크로소프트 연구소 레드먼드 랩 디렉터이자 인공지능진보협회의 전 회장이었던 에릭 호비츠Eric Horvitz는 스탠퍼드 대학교에서 '인공지능에 대한 100년 연구'The One Hundred Year Study on Artificial Intelligence, AI 100를 시작했다. 이는 무려 100년이라는 기간 동안 인공지능 기술을 연구하고 개발하는 프로젝트를 수행하는 것으로 인공지능, 로봇공학을 비롯한 여러 분야의 과학자를 모집하고 있다.

AI 100 프로젝트에 소속된 연구자들은 사물을 인지하고 배우고 추론하는 기계가 인간의 삶과 직업과 커뮤니케이션에 어떤 영향을 미치는지 고찰한다. 현재 이 프로젝트에는 하버드 대학교, 캘리포니아 대학교, 카네기멜론 대학교, 브리티시컬럼비아 대학교, 스탠퍼드 대학교 등이 참여하고 있다. 전문가 패널들은 5년마다 인공지능의 현재와 미래의 방향에 대해 평가하게 된다. 첫 번째 패널은 인공지능, 법률, 정치공학, 정책학, 경제학 전문가들로 구성되어 지난 가을에 출범했으며 인공지능이 미국의 평균적인 도시에 미치는 영향에 대한 보고서를 작성한다. 다음은 향후 15년 이내에 인공지능이 영향을 미칠 일곱 가지 핵심 분야에 대한 결론이다.

인공지능 자동차로 도시의 설계가 바뀐다

앞으로는 모든 운송 수단이 인공지능 운송으로 바뀐다. 그리고 이렇게 바뀌는 속도는 기하급수적이다. 무인자동차는 2020년부터 광범하게 채택되기 시작한다. 그리고 단지 승용차에만 국한되지 않고 무인

배송 트럭, 무인 배송 드론, 개인용 로봇에 이르기까지 인공지능 자동차는 우리의 일상에서 쉽게 접할 수 있게 된다. 우버의 '서비스로서의 자동차'라는 사고방식은 자동차 소유에 대한 개념을 대체하면서 앞으로는 대중교통을 대신하게 되고 주문형 운송과 유사한 형태가 된다. 이제 출퇴근 시간은 단순히 이동 시간이 아니라 휴식 또는 생산적인 작업 시간이 된다. 그리고 주차 공간이 더 이상 필요 없어지면서 도시의 풍경은 혁신적으로 바뀐다.

한편 개인의 움직임, 선호 지역, 목표 지점 등에 대한 관리가 가능해지는 센서가 증가하면서 엄청나게 쌓이는 데이터들은 도시의 인프라 설계에도 영향을 미친다. 그러나 인간이 배제되지는 않을 것이다. 기계는 인간의 인풋을 통해 학습하도록 프로그래밍 되고 사람들은 인공지능 운송이 원활하게 운영되도록 관리하는 역할을 하게 된다.

가정용 로봇과 서비스 로봇

앞으로 15년 안에 상품을 배달하거나 사무실을 청소하는 로봇이 보편화된다. 모바일 칩 제조회사들은 이미 지난 세기의 슈퍼컴퓨터를 칩 하나에 집어넣어 로봇의 온 보드on board 컴퓨팅 성능을 대폭 향상시켰다. 클라우드와 연결된 로봇들은 데이터 공유를 통해 학습을 가속화하고 마이크로소프트의 키넥트Kinect(콘트롤러 없이 사용자의 신체를 이용해 게임과 엔터테인먼트를 경험할 수 있는 주변기기) 같은 저비용 3D 센서들은 지각 기술의 발전 속도를 높이고 있다. 또한 언어 이해력 기술이 발전하면서 로봇과 인간의 상호작용 능력이 확장된다.

그러나 신뢰할 수 있는 하드웨어의 원가가 비싸고 시스템이 복잡하며, 지각 알고리즘을 현실세계에 적용하는 어려움 때문에 아직은 우리가 상상하는 그런 상업용 로봇이 일반화되지는 못하고 있다. 갈 길이 많이 남아 있지만, 가까운 미래에 로봇은 협소하게나마 상업적 목적으로 사용될 가능성이 높다.

고령화 사회를 위한 인공지능 의료

향후 15년 동안 보건 분야에 인공지능이 미칠 영향은 기술보다는 규제에 더 많이 좌우된다. 인공지능은 보건 분야에 가장 큰 변화를 가져올 기술이지만 그러기 위해서는 데이터에 대한 접근이 가능해야 한다. 하지만 미국 식품의약국FDA은 데이터 접근성과 프라이버시의 균형이라는 문제를 여전히 해결하지 못하고 있다. 전자보건 기록도 아직 빈곤하다. 이런 장애물을 극복한다면 인공지능은 환자의 기록과 과학적 문헌을 뒤지는 등 발품을 많이 팔아야 하는 진단 업무를 자동화할 수 있다. 그리고 의사들은 진단 업무는 인공지능에게 맡기고 자신은 직관과 경험을 이용해 환자의 치료 절차를 지휘하는 데 더 집중할 수 있다.

미래에는 환자 기록 데이터, 웨어러블 기기, 모바일 앱, 개인 유전자 배열 기록 등을 이용해 개인 의료가 현실화된다. 완전 자동화된 영상의학은 어렵겠지만 방대한 의료 영상에 접근해 머신 러닝 알고리즘을 적용하게 되면 환자의 분류나 스캔 영상 확인 등 의사의 업무 부담이 줄어든다.

또한 지능형 보행기, 휠체어, 외골격 등은 노년의 생활을 더욱 활기차게 만들어 주며 각종 지원과 모니터링을 제공하는 스마트 홈 기술은 노인의 독립적인 생활을 지켜 줄 것이다. 더불어 병원에는 물건을 지정된 곳으로 배달하거나 수술 부위를 바늘로 봉합하는 간단한 업무를 수행하는 로봇이 도입된다. 물론 이런 작업들은 인간과 로봇의 협력 속에서 반자동 방식으로 이뤄진다.

스마트 학습으로 사라지는 교실

2030년에는 교실과 개인학습 간의 경계가 희미해진다. 개방형 온라인 강좌는 지능형 강사와 인공지능 기술을 이용해 개인화된 교육을 가능하게 한다. 물론 컴퓨터 기반 학습이 교실을 대체하지는 않는다. 하지만 온라인 툴은 자신만의 방식으로 학습하고자 하는 학생들을 도와줄 수 있다. 이런 온라인 학습은 교육 접근 기회, 평생교육, 재훈련 기회를 확산시키며 특히 개발도상국 학생들에게 최고 수준의 교육을 받을 수 있는 기회를 부여한다.

인공지능 교육 시스템은 개인의 선호를 학습하면서 여기서 나온 데이터를 통해 교육에 대한 연구를 진행하며 새로운 도구들을 개발한다. 예를 들면 정교한 가상현실로 학생들이 역사나 가상 세계에 몰입할 수 있도록 하고 실제 세계에서는 경험할 수 없는 환경이나 과학적 대상을 탐사할 수 있게 해준다. 디지털 기기들은 더욱 스마트해져서 부가 정보를 연계해 주거나 언어를 번역해 주기도 한다.

범죄를 미리 예측하는 기술

2030년이 되면 도시들은 인공지능 기술에 의존해서 범죄를 탐지하고 예측하게 된다. 자동화된 CCTV와 드론으로 신속하게 이례적인 행동을 찾아내서 범죄가 일어나기 전에 방지할 수 있으며, 언어와 보행 분석 기술로 수상한 행동을 미리 감지할 수도 있다. 이런 방식으로 법집행이 신속하게 이뤄지고 많은 범죄를 예방하게 된다.

작업을 대체하는 기계

인공지능의 효과는 일터에서 가장 확실하게 느낄 수 있다. 2030년에는 인공지능이 변호사, 금융자문, 방사선 전문의 등 숙련된 직업을 잠식하게 된다. 그렇지만 인공지능은 일자리보다는 작업들을 대체하며 현재로서는 상상하기 어려운 새로운 일자리와 시장도 창출한다. 현상적으로는 인공지능 때문에 소득과 일자리가 줄어들지만, 자동화로 상품과 서비스의 원가가 낮아져 결과적으로는 모든 사람의 생활이 더 향상된다. 이런 경제 구조의 변화는 부의 공정한 분배를 위한 정치적 판단을 필요로 한다. 단기적으로는 자원이 교육과 재훈련에 투입돼야 하며, 장기적으로는 보편적인 사회안전망이나 기본소득 보장과 같은 접근 방법이 필요하다.

엔터테인먼트 산업의 개인화

2030년의 엔터테인먼트는 지금보다 더욱 인터랙티브해지고 개인화된다. 센서 기술과 하드웨어의 발전으로 일반 가정에 가상현실, 햅틱 Haptic 기술, 로봇이 도입된다. 사용자들은 엔터테인먼트 시스템과 대화하며 상호작용하게 된다. 이미 소셜 네트워크는 개인화된 엔터테인먼트 채널을 허용하고 있지만, 사용 패턴과 선호 데이터가 수집되면서 예전에는 불가능했던 수준의 개인화가 가능해진다. 또한 인공지능의 발전으로 작곡을 비롯해 아바타를 이용한 안무 등 각자의 고유한 오락을 만드는 일이 용이해진다. 누구나 고품질의 엔터테인먼트 생산이 가능해지면서 앞으로 엔터테인먼트 산업이 어떻게 발전해 나갈 것인지 점점 예측하기 어려워지고 있다.

인간 상사가 아닌
'인공지능 상사'와 일하는 시대

현재의 기술은 모든 직업 활동의 45퍼센트를 자동화할 수 있다. 그리고 디지털화할 수 있다면 가능한 한 디지털화해야 비즈니스 세계에서 경쟁 우위를 확보할 수 있다. 하지만 여기서 드는 한 가지 의문이 있다. 인간인 우리는 인공지능과 함께 일하거나, 나아가 인공지능을 위해 일하는 것에 대해 어떻게 생각하는가? 인공지능은 우리의 일터에 어떤 영향을 미칠 것이라고 생각하는가?

최근 미국과 영국, 덴마크는 인사, 금융, 시장정보 데이터를 기반으로 의사결정을 하거나 의사결정을 위해 제안하는 소프트웨어 로봇, 즉 '편견 없는 컴퓨터 프로그램'과 함께 일하는 것에 대한 사람들의 태도를 조사했다. 소프트웨어 로봇은 편견이 없다. 인간의 의사결정에 영향을 미치는 개인적, 사회적, 문화적 편향성의 영향을 받지 않으며 데이터를 기반으로 모든 입력 정보의 균형을 유지한다. 조사 결과 사람들은 개방성의 정도에서 그리고 지역에 따라 놀라운 결과를 드러냈다.

아직 주류라고 인식하고 있지는 않지만 미국 시민의 30퍼센트는 '자신의 현재 일자리가 새로운 기술로 대체될 가능성이 있다'는 점에 동의하거나 매우 동의했다. 43퍼센트는 동의하지 않거나 매우 동의하지 않았다. 흥미롭게도 덴마크는 18퍼센트만이 이 질문에 동의했고 63퍼센트는 동의하지 않았다. 이는 다른 연구에서도 알 수 있듯이 덴마크 사람들이 직업에 대한 위협을 아직 덜 느끼고 있음을 나타낸다. 그러나 디지털화와 자동화는 대부분의 사람들이 생각하는 것보다 훨씬 빠른 속도로 움직이고 있다.

그렇다면 인공지능은 인간보다 더 윤리적이고 신뢰할 수 있을까? 연구에 참여한 미국인의 37퍼센트는 편견 없는 컴퓨터 프로그램이 '현재의 직장 상사와 관리자보다 더 신뢰할 수 있고 윤리적일 것'이라는 점에 동의했다. 또한 응답자의 38퍼센트는 '직무 수행에 대한 평가를 인간 관리자가 아닌 편견 없는 컴퓨터 프로그램이 수행하는 것을 더 선호한다'고 응답했다. 이는 인공지능이 인간의 의사결정에 영향을 미치는 개인적, 사회적, 문화적 편견에서 자유롭고 특히 양적 성과로 측정되는 직무 수행과 관련해 인간보다 더 나은 평가를 할 수 있다는 논리에서 나온 것이다.

그러나 이런 인공지능은 결국 인간이 설계한 것이므로 편견 없는 인공지능이라는 미래는 인간에게 달려 있다는 점을 잊지 말아야 한다. 아마도 이 연구의 가장 놀라운 결과는 미국인의 32퍼센트가 '내 직장에서 인간 관리자가 아닌 편견 없는 컴퓨터 프로그램이 관리하는 것을 선호한다'는 것이다. 이는 인공지능의 도입 여부보다 훨씬 더 깊은 문제인 직장에 대한 불만족도를 반영한다. 2014년 비영리 민간조사연구기구인 콘퍼런스 보드Conference Board가 실시한 직업만족도 조사에서 미국인의 52.3퍼센트는 상사와의 문제 때문에 직장 생활이 행복하지 않다고 응답했다. 미국인의 3분의 1은 명백하게 그들의 상사를 인공지능으로 대체하고 싶을 정도로 불행한 것이다.

흥미로운 사실은 덴마크 사람들은 5퍼센트만이 인공지능으로 상사를 대체하는 것에 동의했으며 81퍼센트는 동의하지 않았다는 점이다. 덴마크 사람들의 직업만족도는 훨씬 더 높았다. 유럽연합집행위원회European Commission의 새로운 연구에 따르면 덴마크 근로자의 94퍼센트가 직장의 조건에 만족한다고 한다. 덴마크 사람들은 〈세계행복보고서〉World Happiness Report 에서도 지구에서 가장 행복한 사람들로 평가된다.

인간 관리자와 편견 없는 컴퓨터 프로그램이 '함께 관리하는 직장'에 대해서도 미국인들은 45퍼센트가 찬성한 반면 덴마크 사람들은 17퍼센트만이 찬성했다. 여기서 발견할 수 있는, 앞으로 더 심도 있게 다뤄야 할 주제는 바로 '직장의 행복도와 인공지능에 대한 개방성의 상관관계'다. 위 연구 결과로 정리하면 덴마크에 비해 미국인들은 직장에서 인공지능을 관리자로 둘 만큼 더 개방적이지만 직장 만족도는 훨씬 떨어진다고 볼 수 있다.

상식적으로 봐도 직장에 대한 높은 만족도는 경쟁 우위를 창출한다. 이는 많은 연구 결과에서도 증명된 사실이다. 하지만 미래에는 꼭 그렇지도 않다. 기업은 시스템뿐 아니라 관리의 수준까지 디지털화, 자동화되며 미국 기업들은 더욱 이런 변화를 지원할 것이다. 하지만 직업 만족도가 높은 덴마크는 변화에 대한 인식이 훨씬 낮다. 장기적으로 볼 때 직장의 디지털화, 자동화라는 변화는 덴마크에겐 불리하게 작용할지 모른다.

그렇다면 미국의 빈약한 노동 환경이 오히려 미국의 가장 큰 경쟁 우위가 될까? 높은 수준의 디지털화와 높은 만족도를 결합할 수 있다면 어떨까? 이것이 실현되는 긍정적인 미래의 일터를 그려 본다.

04
디지털 통화,
코인 경제가 만들어 내는 네트워크 효과

위기에서 성장하는 디지털 통화

블록체인이 글로벌 은행의 심장부로 속속 진입, 금융 산업을 저격할 태세를 갖추고 있다. 블록체인은 네트워크 내 모든 참여자가 공동으로 거래 정보를 검증하고 기록하고 보관해 공인된 제3자 없이도 기록의 신뢰성을 확보할 수 있는 탈중앙화된 전자장부로, 이미 비트코인과 같은 암호화폐 또는 스마트 계약Smart Contract에 적용되고 있다. 세계경제포럼WEF은 2017년까지 전 세계 은행의 80퍼센트가 블록체인 기술을 도입할 것으로 전망했다. 관련 업계에 종사하는 은행원, 펀드 매니저 등이 줄줄이 일자리를 잃게 됐다.

비트코인은 2009년 출시된 이후 사용자들을 기반으로 성장, 안정 돼 가고 있다. 처음 나왔을 때만 해도 범법자들과 법의 테두리에 있는 사람들이 주로 선호했지만 이제는 합법적인 투자자들도 비트코인을 선호한다. 흔히 비트코인을 '익명 통화'라고 부르지만 어느 한 나라에 도 귀속되거나 영향을 받지 않는 '중립 통화'라고 표현하는 게 더 정확 하다. 모든 비트코인 거래는 공개되며 영구적으로 네트워크에 저장된 다. 누구나 특정 비트코인의 거래 내용을 볼 수 있는 것이다. 비트코인 주소 위에 있는 사용자의 신원은 일반적으로 알 수 없지만 구매 또는 관련 활동을 통해 해당 사용자의 신원을 밝힐 수 있다.

오늘날 전 세계 국가의 핵심 투자자들에게 안전한 피난처 통화로 금 대신 비트코인이 부상하고 있는 중이다. 세계시장의 불확실성이 높아지면 보통 금값이 치솟는데, (2017년 말까지 200달러가 더 오를 것이 라는 예상도 나오고 있다) 앞으로는 아무도 금을 사지 않게 된다. 미래 금 융 시스템인 비트코인이 더 매력적이기 때문이다.

이미 테러나 지진 등 재난이 발생하면 비트코인으로 사람들이 몰 리는 현상이 나타나고 있다. 베네수엘라에서는 초 인플레이션으로 볼 리바르Bolivar(2008년 베네수엘라가 새로 발행한 통화)가 통제 불능 상태에 빠지면서 많은 사람들이 스마트머니 또는 비트코인으로 갈아탔다. 2015년 그리스가 유럽연합을 탈퇴하겠다고 위협했을 때도 투자자들

2018
비즈니스북스 도서목록

열정, 노력, 의지보다 더 중요한 환경의 힘

"바보들은 노력만 하지만 똑똑한 사람들은 환경을 바꾼다!"

최고의 변화는 어디서 시작되는가

벤저민 하디 지음 | 김미정 옮김 | 값 14,800원

원하는 대로 달라지기 위해서는 무엇이 필요할까? 금연, 금주, 다이어트가 대부분 실패로 끝나는 까닭은 '의지력'에 너무 많은 것을 기대기 때문이다. 스마트한 사람들은 열정, 노력이 아니라 환경의 변화를 통해 원하는 것을 얻는다.

니스북스 서울시 마포구 월드컵북로6길 3 이노베이스빌딩 7층 | 전화 (02)338-9449 | 팩스 (02)338-6543

혼자 사는 삶을 더 풍요롭게 만들기 위한 싱글의 돈 공부

"나는 맞벌이 대신
혼자 1억 모은다!"

1인 가구 540만 시대,
이제는 혼자서도 잘살기 위한 준비가 필요하다!

스물아홉 살에 1억 모아 내 집 마련한 '돈 좀 모아본 언니'가 알려주는 여유 있고 당당한 싱글 라이프를 위한 1인용 재테크 노하우! 전문 지식 없이 특별한 기술 없이 지금 당장 시작할 수 있는 생활밀착 재테크 노하우가 담겨 있다.

나 혼자 벌어서 산다
정은길 지음 | 값 14,000원

직원 없이 사무실 없이 저절로 굴러가는 사업 시스템 만들기

"누구나 혼자서 10억 버는
사업가가 될 수 있다!"

자본주의 속성을 이용해
혼자서 10억 버는 젊은 사업가들의 비밀!

직원 없이도 10억 원 혹은 그 이상의 매출을 달성한 젊은 사업가 37인의 돈 버는 기술! 고매출, 고수익을 거두면서도 밀폐된 사무실에서 벗어나 일과 후 여가 활동을 즐기거나 가족에 대한 책임감을 다할 수 있는 방법이 담겨 있다.

나는 직원 없이도 10억 번다
일레인 포펠트 지음 | 신솔잎 옮김 | 값 15,000원

은 디지털 통화로 급격하게 이동했다. 영국에서 브렉시트 투표가 있었을 때, 도널드 트럼프가 미국 대통령 선거에서 승리했을 때도 같은 일이 발생했다. 최근 중국, 인도, 필리핀도 경제위기로 통화가 불안정해지면서 디지털 화폐에 대한 관심이 더욱 촉발되고 있다. 특히 중국은 비트코인 사용이 급격하게 증가하고 있다. 최근 그 가격이 2,000달러를 돌파할 만큼 비트코인의 가치는 급등하고 있다.

위 사례들에서 알 수 있듯이 비트코인으로의 전환은 대개 위기나 절망감과 연동된다. 그리고 이렇게 늘어난 수요는 비트코인의 가치를 더욱 높인다. 시간이 지나면 비트코인 같은 디지털 글로벌 통화는 현금이나 금, 다이아몬드, 심지어 다른 디지털 국가 통화보다 훨씬 유용해질 것이다.

전통적인 금융 시스템의 몰락

국내에서도 최초로 블록체인 기술에 기반한 가상 디지털 화폐가 출시를 앞두고 있다. 한국의 블록체인 개발사 블록체인OS는 2017년 5월 2일 기존의 디지털 화폐 비트코인과 이더리움Ethereum 등의 단점을 보완한 '보스코인'BOScoin을 출시한다고 밝혔다. 보스코인은 1년여의 개발 기간을 거쳐 처리 속도 등 기존 디지털 화폐의 단점을 보완하고 거래 처리 속도를 신용카드 결제 수준으로 끌어올려 초당 1,000건의 거래 정보를 처리할 수 있다. 블록체인OS는 보스코인을 실제 화폐처럼 활용할 수 있는 다양한 애플리케이션도 출시할 예정인데, 이렇게 되면 한국은 전 세계 디지털 화폐 시장에서 중요한 국가로 떠오르게 된다.

세간에서는 한국에서 블록체인 기술의 도입은 시기상조라고 평가하기도 한다. 하지만 제4차 산업혁명의 물결이 기하급수적으로 빨라지고 있는 요즘에 시기상조라는 말은 그 자체가 어불성설이다. 이미 다른 나라들은 우리보다 한발 앞서 기술의 파급력을 인지하고 받아들이고 있다. 시기는 빠르면 빠를수록 좋다. 퍼블릭 블록체인 기술로 계약이나 신뢰에 대한 검증이 훨씬 손쉽게 이뤄지면 금융기관이나 공공기관 등의 여러 분야에 그 기술을 적용시키는 플랫폼 제공이 가능하며, 전 세계를 대상으로 수출도 가능해서 제4차 산업혁명 경쟁에서 유리한 입지를 확보할 수 있기 때문이다.

앞으로 블록체인 기술과 디지털 화폐가 전통적인 금융 시스템을 파괴하고 새로운 시대를 열 주인공이 되리라는 점은 명백하다. 미래에 디지털 화폐로 소멸되거나 새롭게 변화할 산업 분야를 살펴보면 다음과 같다.

은행

비트코인은 이미 중앙은행이 관리하지 않는 돈의 형태에 사람들이 접근할 수 있도록 해서 금융 산업을 혼란에 빠뜨리고 있다. 지난 몇 년 동안 마스터카드, BNP 파리바, 비자, JP 모건 같은 몇몇 글로벌 금융 기관은 비트코인이 대형 금융업의 중개인을 사라지게 해 매년 수십억 달러를 절약할 수 있게 되자 블록체인 신생 기업에 대거 투자했다.

전자상거래

이제 소비자들은 다양한 이유로 신용카드나 페이팔 대신 비트코인을 사용하는 것을 선호한다. 코인베이스, 비트페이, BIPS, 블록체인 같은 암호화폐 지불 프로세서들은 비트코인 전자상거래를 웹사이트에 통합하고 있다.

자선 활동

인플레이션으로 거의 쓸모없는 통화를 사용하는 국가에서 비트코인은 자선 활동의 도구로 가치가 있다. 인권 재단, 미국 적십자사, 전자 프론티어 재단EFF, 유나이티드 웨이 등에서는 이미 비트코인을 사용하고 있다.

음악

오늘날 비트코인과 블록체인 벤처기업들은 150억 달러 규모의 음악 산업을 붕괴시키고 있다. 대규모 음반회사들은 블록체인을 이용해 아티스트에게 직접 지불하는 시스템을 벌써 도입한 상태다.

ICO 시장이 제안하는 새로운 금융 모델

이런 디지털 암호화폐가 지금의 금융 시스템을 붕괴시키면 주식 시장은 어떤 변화를 맞이하게 될까? 1817년 3월 8일 뉴욕 주식 시장이 개장한 이래 전 세계의 주식 시장은 200여 년 이상의 오랜 역사를 자랑하며 성장해 왔다. 한국은 물론 전 세계 사람들이 같은 시간에 거래를 시작하고 마치며 주식 거래를 직업적으로 하는 사람들도 많다. 그런데 이 주식 시장이 30년 후면 사라진다. 주식 거래를 하던 사람들은 주식 대신 코인을 사고팔며 코인 발행을 통한 투자금 모집 방식인 ICO Initial Coin Offering가 최대의 일자리를 만들게 된다. 그래서 앞으로 10~20년 동안 ICO 관련 일자리가 크게 부상하게 된다.

IPO Initial Public Offering는 주식공개상장으로, 비상장 기업이 유가증권 시장이나 코스닥 시장에 상장하기 위해 그 주식을 법적인 절차와 방법에 따라 주식을 불특정 다수의 투자자들에게 팔고 재무 내용을 공시하는 것이다. 이것은 정부의 다양한 규제와 관리를 받는다. 그러나 아직 정부 규제의 힘이 미치지 않는 곳이 있다. 바로 주식이 아닌 코인 발행으로 투자자를 모집하는 ICO다.

기업은 사업 자금을 확보하기 위해 주식공개상장을 해서 자사 주식을 팔아 자금을 얻는다. 그러나 여기까지 가려면 지난한 과정과 긴 시간이 필요하다. 그래서 좋은 기술을 갖고도 투자를 받지 못하고 사라지는 스타트업들이 많다. 그런데 ICO는 일반적으로 이뤄지는 투자처럼 회사의 지분을 판매하는 게 아니라 해당 프로젝트가 발행하는 암호화폐(코인)를 판매한다. 현재도 많이 이루어지고 있는 크라우드펀딩과 비슷한 개념이라고 생각하면 된다. 전문 투자자나 기업이 아닌, 관심 있는 프로젝트라면 아낌없이 지갑을 여는 개개인들로부터 투자를 받는 형태이기 때문이다. 투자자는 코인을 받고 개발자는 받은 디지털 화폐(이더리움이나 비트코인)를 팔아 개발 자금을 마련한다. 이렇듯 ICO는 초기 투자자들이 기술 개발에 의미를 부여하고 투자를 유도해서 기업과 투자자가 함께 커 나가도록 한다.

그동안 주식 시장이 수많은 사람들에게 일자리를 제공해 왔지만 앞으로는 ICO가 훨씬 더 많은 일자리를 제공하게 된다. 미래의 사람들은 기본소득을 받으며 좀 더 의미 있는 일을 하기 위해 ICO 시장에 들어가 하루 종일 어떤 코인이 얼마나 돈을 많이 벌어 줄 것인지 투자에 골몰할 것이다. 곧 주택 절벽, 부동산 절벽이 일어나기 때문에 투자할 곳은 주식 시장을 대체하는 ICO, 즉 코인 시장뿐이다. 그래서 앞으로 10년 이내에 블록체인과 AI 그리고 ICO 관련 분야에서 가장 많은 일자리가 창출된다.

최초로 암호화폐를 ICO한 회사는 2013년 마스터코인Mastercoin이었다. 2014년에는 이더리움이 ICO를 했는데 이 코인 서비스는 최초의 '코인화된 펀드'로서 투자자들이 블록체인 시장이 커지는 상황에서 돈을 돌릴 수 있는 수단이 되었다(현재 이더리움의 가치는 5조 원에 육박한다). 이더리움의 성공을 통해 2017년 3월에는 ICO라는 펀드레이징

fund-raising, 즉 모금 수단이 가동됐다. 블록체인 캐피털 LLC는 자체 디지털 코인을 만들어 500억 원을 모금했다.

ICO를 하기 위해 만드는 코인은 사회적으로 큰 의미를 지녀야 한다. 휴매니크Humaniq라는 코인은 2017년 4월 ICO를 하면서 지구촌 20억 명의 은행 없는 금융 소외 계층을 위해 모바일 금융 솔루션을 개발한다는 목표를 내세워 50억 원을 모금했다. MIT의 존 클리핑거 John Clippinger 박사가 제시한 그린코인Green Coin은 기후변화와 지구 온난화를 막기 위해 태양광 에너지를 사용하는 기술 개발을 목표로 내세웠고, 벤 고르첼Ben Goertzel 인공일반지능협회장이 내놓은 AI코인은 인공일반지능을 빨리 발전시켜 인간을 닮은 인공지능을 개발하는 것을 목표로 내세웠다. 이처럼 목표가 뚜렷해야 초기 투자자들이 투자를 손쉽게 한다.

앞으로 몇 년간 ICO를 통한 코인 론칭이 주요한 자본 유통의 수단으로 자리매김할 텐데, ICO는 스스로 코인을 발행해서 판매하기 때문에 '코인 경제'라는 용어로 설명할 수 있다. 이 코인 경제가 만들어내는 네트워크 효과는 여러 가지 측면에서 의미가 있다. 여기서 네트워크 효과란 혼자 사용하는 것보다 여러 명이 사용했을 때 그 서비스의 효용성과 가치가 증가하는 것을 말한다. 네트워크 효과를 잘 보여주는 전형적인 서비스로는 페이스북을 들 수 있다. 페이스북은 새로운 사용자가 네트워크에 추가될 때마다 기존 사용자들이 서비스를 훨씬 더 잘 사용할 수 있고 그 가치가 증가한다.

마찬가지로 비트코인과 이더리움도 새로운 사용자가 네트워크에 가입하면 기존 사용자들이 네트워크로부터 얻는 효용이 증가한다. 주목해야 할 점은 비트코인 네트워크의 사용자들은 단순한 사용자가 아닌 투자자라는 것, 즉 오너십에 대한 가치도 증가한다는 사실이다. 다시 말해 비트코인 네트워크가 더 확대되고 많이 사용될수록 비트코인의 가치(가격)도 올라간다. 단순 네트워크 효과보다 더 강한, 코인 경제의 주축을 이루는 이런 네트워크 효과 때문에 ICO의 미래는 상당히 중요하다. 더 폭발적이고 혁신적으로 변화할 금융의 새로운 미래가 다가오고 있다.

05

증강현실, 융합 기술이 가져올
수십억 달러의 잠재력

증강현실은 더 작아지고 더 빨라진다

오늘날처럼 기업들이 짧은 시간 안에 수십억 달러의 가치를 창출했던 적은 없었다. 또한 현존하던 기업들이 이렇게 순식간에 사업을 중단한 적도 없었다. 이제 산업의 붕괴는 일상화되었다. 그리고 다시 한 번 산업계를 혁신적으로 변화시킬 수 있는 수단으로 증강현실 기술이 부상하고 있다. 그렇다면 증강현실 기술은 앞으로 어떤 방향으로 나아가게 될까?

증강현실은 스마트폰(포켓몬고를 생각해 보라) 또는 헤드셋을 사용해 현실의 물리적인 세계에 디지털 정보 또는 3차원의 가상 이미지를 오버레이overlay 한다. 가장 단순한 형태의 가상현실은 구글이 개발한 스마트 안경 구글 글래스Google Glass 처럼 눈앞에 단순한 사각형의 디스플레이를 띄운다. 더 진보된 가상현실 형태는 집이나 산업용 창고 같은 물리적인 공간에서 비디오게임 캐릭터나 유용한 정보를 자연스럽게 보여 준다. 이제 가상현실은 보다 더 상업적인 단계로 옮겨 가고 있지만 증강현실은 아직 초기 개발 단계다. 그러나 그 잠재적인 응용 가능성은 매우 주목되고 있다.

선형적 예측이 아닌 융합적 예측으로

대부분의 비즈니스 리더들은 지금 알고 있는 것을 기반으로 예측을 한다. 하지만 이런 방식은 너무 선형적인 예측이 되거나 포인트를 놓칠 위험이 있다. 이런 위험을 피하기 위해 과거의 기술 붕괴가 가져온 트렌드와 그 주기를 깊이 살펴보면서 미래의 전망을 더 잘 예측할 수 있는 프레임워크를 만들어야 한다.

오늘날 표준적인 시장 예측은 증강현실이 더 작아지고 빨라질 것이라는 데 초점을 두고 있으며 이런 기술과 기능이 기업에 미치는 영향을 추정한다. 그러나 과거의 기술 붕괴로 볼 때 이런 견해는 융합 기술(예를 들면 모바일 기술과 인터넷의 융합 같은)의 영향을 고려하지 않은 것이다. 가상현실을 포함하여 증강현실 기술은 사물인터넷, 3D 프린팅, 머신 러닝 같은 신흥 기술들과 충돌하고 융합되고 있다. 이런 기술들이 융합될 때 발생하는 가치를 포착할 수 있도록 미리 준비하는 기업은 산업계의 리더가 될 가능성이 크다.

모바일 기술을 예로 들어 보자. 모바일 기술은 지난 20년 동안 나타난 최대 규모의 기술로 기존 시장을 붕괴시켰다. 그러나 모바일 산업이 단독으로 일어난 것은 아니다. 초기에 분석가들은 이런 모바일 기기들이 더욱 소형화되고 배터리 수명이 연장되며 원가가 하락하면서 '느리고 선형적인 성장'이 이뤄질 것이라고 예측했다. 하지만 예측과 달리 모바일 기술은 인터넷과 융합되면서 산업계는 혼란에 빠지고 새로운 소비자와 기업 사용자가 생겨났다. 그리고 스마트폰이 탄생하자 휴대폰 시장은 폭발했다. 과거에는 존재하지 않았던 수십억 달러의 가치가 발생한 것이다.

스마트폰이 전 세계 개발자 커뮤니티를 강타하면서 크라우드소싱이라는 다음 단계의 융합이 나타났다. 전통적으로 소프트웨어 회사들은 작은 틈새시장에서 모바일 PDA용 애플리케이션을 만들고 있었다. 그러던 중 애플이 앱스토어라는 크라우드소싱 마켓을 만들어 불과 8년 만에 약 1,430억 달러의 모바일 앱 시장을 창출했다.

한편 데이터 분석과 모바일 기술의 융합은 또 다른 획기적인 사례가 되었다. 스마트폰 및 모바일 앱의 사용자가 급증하기 시작하면서 비즈니스 통찰력을 높일 수 있는 사용자 데이터 수집이 매우 효과적으로 이뤄졌다. 오늘날 수집, 판매, 집계 및 분석되는 여러 계층의 모바일 사용자 데이터는 약 500억 달러의 가치를 지니는 것으로 예상된다. 이런 데이터 분석 기술과 융합해 모바일 기술은 수십억 달러 규모의 시장으로 확대됐다. 이처럼 기술의 하드웨어 측면만 보고 그 미래를 예측하면 시장의 흐름을 놓치고 기술의 패러다임 변화를 간과하게 된다.

증강현실과 융합하는 기술들

모바일 혁명과 마찬가지로 증강현실의 미래 역시 가격의 하락, 하드웨어의 소형화, 성능의 향상만으로 결정되지는 않는다. 이런 기술 발전은 증강현실의 유비쿼터스 채택을 도울 수 있겠지만 증강현실의 미래를 이런 기준에 의존하면 더 큰 시장 기회를 놓칠 수 있다. 앞으로 증강현실은 수많은 기술과 융합한다. 증강현실과 산업용 사물인터넷, 머신 러닝과 3D 프린팅의 융합이 무엇을 의미하는지를 상상하면 증강현실의 미래 잠재력을 볼 수 있다.

산업용 사물인터넷

증강현실은 산업용 사물인터넷과 가장 먼저 융합한다. 증강현실 기기는 소비자보다 기업에서 더 먼저 채택되는데, 기업이 제조에서 물류,

소비자에 이르는 인프라를 신속하게 개발하기 시작하면 막대한 양의 데이터가 수집되어 분석된다. 증강현실은 휴먼 인터페이스에 데이터를 추가로 제공해 근로자와 관리자, 경영진이 풍부한 데이터로 보완된 세계를 볼 수 있도록 해준다. 공장, 창고, 병원에서 직원들은 자신이 일하는 환경에 투영되는 정보를 볼 수 있고 기업은 자원 활용 계획, 창고 관리, 전자보건기록 시스템 등에서 직원들을 주변 환경과 연결할 수도 있다. 결과적으로 근로자의 작업이 데이터 생태계를 통해 연결되어 물리적 환경과 디지털 세계가 서로 연결된다.

머신 러닝

머신 러닝 기술은 증강현실과 중요한 융합을 이루는 분야가 될 것이다. 곧 머신 러닝 기술로 더욱 손이 자유로운 인터페이스가 만들어진다. 키보드가 데스크톱과 랩톱 사용의 중요한 혁신이었고 터치스크린이 모바일 기기의 핵심이었던 것처럼, 머신 러닝은 증강현실 인터페이스에서 큰 역할을 할 수 있다. 키보드의 타이핑에서 터치스크린으로 이동한 것은 새로운 인터페이스가 새로운 유저 인터페이스를 필요로 하는 좋은 예다. 앞으로 머신 러닝 기술로 가능해지는 음성-텍스트 변환, 텍스트-음성 변환 기술은 증강현실 기술의 발전에서 중요한 혁신이 된다.

이제 우리가 사용하는 기기들은 우리가 움직이고 말하고 터치하는 방식을 이해해야 한다. 그리고 사용자 행동과 관련된 데이터는 사용자 행동을 캡처, 전송, 저장, 활용할 수 있는 시장을 열어 주는 매우 가치 있는 데이터가 된다.

3D 프린팅

3D 프린팅은 제조 산업이라는 거대한 시장을 가지고 있으며 고유의 복잡성과 물리적 특성을 지녔다는 잠재적 이점이 있다. 그러나 모델링을 위한 특정 3D 프린팅 툴은 2D 모니터를 사용하는 전통적인 디자인 소프트웨어로 교육받은 디자이너에게 혼동을 줄 수 있다. 복잡한 3D 구조를 가진 독특한 디자인 요구 사항은 기존 소프트웨어 도구에는 적합하지 않은 경우가 많다. 이때 증강현실을 이용해 모델을 만들고 편집하고 시각화하면 이런 문제를 해소할 수 있다. 증강현실 기술은 3D 프린팅 개념과 기존의 도구(예를 들면 키보드, 마우스, 2D 스크린, 인터페이스 등) 사이의 괴리를 제거해 디자이너가 직관적이고 창의적인 방법으로 제품과 직접 상호작용할 수 있도록 해준다.

증강현실의 잠재력을 과소평가해서는 안 된다. 증강현실 기술에는 입체영상 프로세싱, 디스플레이 기술, 하드웨어 기기 기술을 비롯해 심지어 사회적 인식에 이르는 수많은 기술적 잠재력이 포함되어 있다. 증강현실의 미래가 단순히 헤드셋에 달려 있는 것은 아니다. 하지만 사람들은 증강현실이라고 하면 헤드셋을 먼저 떠올린다.

현재 드러난 증강현실과 그 도구가 갖는 가치에 대해서만 가설을 세워서는 안 된다. 하드웨어 혁신과 관련된 대부분의 기회는 앞으로 등장할 새로운 가치에 있다. 증강현실 기술이 미래의 혁신과 어떻게 연계되고 융합되는지에 따라 수십억 달러의 잠재력이 우리 앞에 펼쳐질 수 있다.

조선·해양 산업은 어디로 가는가

증강현실과 같이 미래에 더 큰 잠재력을 가지고 수십억의 가치를 창출할 산업이 있는가 하면 반대로 더 이상의 사업성을 기대할 수 없어 소멸의 길의 걷게 되는 산업도 있다. 빠른 시일 내에 사라질 대표적인 산업 분야로는 조선, 해양, 항만 그리고 섬유 산업이 있다. 특히 조선과 해양 산업은 미래 사업성이 전혀 없는 사양 산업으로 종국에는 모두 붕괴하게 된다.

2017년 3월 정부와 채권단은 대우조선해양에 3조 원을 추가 지원하는 쪽으로 가닥을 잡았다. 지난 2015년 4조 2,000억 원 지원 결정에 이어 1년 반 만에 또 다시 수조 원의 혈세를 투입하게 된 것이다. 당장 다음 달 만기가 돌아오는 회사채를 상환하지 못할 정도로 유동성 위기에 처한 회사를 혈세를 투입해서라도 살리는 쪽으로 방향을 튼 것인데 이해할 수 없는 조치. 조선과 해양 산업이 지원해서 살아남는, 즉 미래의 부상 산업이라면 이해할 수 있겠지만 500년 동안 이 분야의 선두 주자였던 영국도 1970년 중반에 조선과 해양을 사양산업으로 지정하고 지원을 거두었다. 미래학자들은 이미 사양산업으로 판명된 조선과 해양을 파산하도록 놔두는 것이 산업 전체에서 볼 때 더 이득이라고 말한다.

임종룡 금융위원장은 2017년 3월 21일 국회 정무위원회 전체회의에 출석해 "2015년 10월 지원 대책에도 불구하고 다시 지원 대책을 마련하게 돼 송구하다."고 했다. 그러나 국민에게서 걷은 세금을 깨진 독에 부으면서 송구하다고 할

게 아니라 책임을 져야 한다. 3만여 명의 근로자가 일자리를 잃고 경남과 부산 등 남해안 전체의 침체로 이어진다느니, 파산하면 1,300곳 연쇄도산이 일어난다 느니 등 한 지역이 한 나라 국민 전부를 볼모로 잡고 협박하는 모습은 답답하기 만 하다.

물론 대우조선해양이 무너질 경우 국내 조선 업계에 미칠 파장이 크지만 그 3조 원을 지금이라도 미래 산업 인력 양성과 청년 실업에 투자하거나 창업 지원에 투 자하면 수많은 일자리가 창출된다. 무조건 재정을 쏟아붓는다고 해서 죽어 가는 산업이 과연 살아날까? 당장 발등에 떨어진 불만 끌 뿐 장기적으로 볼 때 국가적 으로 아무런 이득이 없다. 이미 사양산업이 된 조선과 해양을 살리려고 발버둥을 친다 한들 한두 해일 뿐, 곧 망하고 만다. 전 세계를 연결할 진공자기부상열차나 해저 열차에 밀릴 수밖에 없다.

지난 수십 년간 온갖 시행착오를 겪으며 키운 대우조선해양의 고급 설계 및 연 구개발 인력을 유지하기 위해서라고 하지만, 그 인력이 빨리 다른 산업으로 눈을 돌리면 5~10년 후 크게 성공할 수 있다. 붕괴하는 산업을 붙잡고 있는 우리나라 를 보며 서양의 미래학자들은 쓴웃음을 짓고 있다.

조선과 해양뿐 아니라 산업 시대에 크게 성장했던 산업들 대부분은 이제 사양산 업의 길로 들어섰다. 그렇다면 왜 미래학자들은 조선과 해양을 사양산업이라고 결론지을까? 조선과 해양 산업은 왜 붕괴될 수밖에 없을까?

인터넷과 와이파이로 빨라진 세상에서 2~3개월 동안 바다 위로 물건을 실어 나 르는 일은 이득이 없기 때문이다. 초고속으로 비행하는 화물 수송기나 무인비행 기 같은 신기술이 나오고 있으며 이제는 어마어마하게 큰 물건들도 3D 프린터로 빠르게 출력할 수 있다. 대우조선해양에 조선 기자재와 의장품 등을 납품하는 협력사들도 이제 조선과 해양은 사양산업임을 인정하고, 깨진 독에 물 부으려며 전 국민을 협박하지 말고 다른 부상 산업을 찾아 개발과 투자를 해야 한다.

영국대사관에서 20년 동안 근무하면서 그리니치에 있는 영국 국립해양박물관을 여러 차례 방문한 적이 있다. 그 거대한 박물관은 영국이 과거 500여 년간 조선 과 해양의 선두 주자였음을 알려 주는 곳이다. 로열 브리티시 함대, 퀸 메리 함대 등 영국의 로열 머린, 즉 왕립해군은 막강한 권력을 지니고 1885년에는 한국의 거문도를 2년간 점령하면서 동북아시아의 정치에 관여하기도 했다. 영국의 역사 는 해양 산업의 역사다. 영국의 포츠머스 항은 늘 배나 전함을 건조했고, 넬슨 제 독은 영국의 조선해양 500년의 아이콘이었다. 하지만 제2차 세계대전 후 영국 은 조선해양 산업의 사양화와 해상국의 쇠퇴라는 운명을 맞았고 1970년 중반에 는 조선해양 산업에 지원을 중단했다. 그런데 한국에서는 아직도 국민들의 혈세 로 사양산업을 지원하고 있다. 국민들은 이를 보고만 있을 게 아니라 자신의 돈 이 잘못 쓰이고 있는 데 대한 항의를 해야 한다.

앞으로 '더 싸고 좋은 것'이 나와 '더 비싸고 낡은 것'을 모조리 먹어치우게 된다. 조선과 해양 산업이 대표적인 '더 비싸고 낡은 것'이다.

비싸고 낡은 기술을 대체할 더 싸고 좋은 기술

모든 산업은 결국에는 사양산업이 될 수밖에 없다. 지금까지 사양산업이 안 된 산업이 없다. 철도 산업이 사양산업이 되면서 카네기는 홀 하나만을 남기고 역사 속으로 사라졌다. 공룡 기업이었던 코닥은 필름 산업이 사양산업이 되면서 망했 다. 이제 조선, 해양, 항만 산업도 새로운 기술들이 등장해 역사 속으로 사라지고 있다.

3D 컴퓨터로 즉석에서 만든 아피스 코어의 3D 프린팅 주택

가장 큰 이유는 바로 3D 프린터 때문이다. 오늘날 3D 프린터는 자전거, 자동차, 비행기까지 프린트한다. GE가 보잉787의 엔진을 비롯해 30개가 넘는 부품을 3D 프린터로 프린트해서 사용하는 세상이다. 부품만이 아니다. 집도 프린트한다. 중국의 3D 프린터 기업 윈선 데코레이션은 14~15평짜리 주택을 하루에 10채 이상 프린트하고 단돈 500만 원에 판다. 샌프란시스코에 있는 3D 프린팅 스타트업인 아피스 코어Apis Cor는 2016년 12월, 하루 만에 37제곱미터 크기의 둥근 집을 약 1만 달러, 우리 돈 1,000만 원 정도의 가격에 프린트하는 데 성공했다. 그것도 영하 20도의 추운 날씨에 콘크리트를 프린트하고 집 안에는 주방과 화장실, 가구까지 다 갖춘, 한마디로 거주가 가능한 집의 형태였다. 미래에는 각 가정에서 부엌에 3D 프린터를 두고 내일 아침에 쓸 물건을 밤에 프린트해 놓고 자고 일어나면 아침에 완성돼 있는 세상이 온다. 옷도 프린트하고, 주택도 프린트하고, 식품도 프린트한다. 대형 공장은 사라지고 3D 프린터로 원하는 물건

을 직접 프린트하고, 큰 물건은 동네에서 함께 프린트해서 나눠 쓴다. 아웃소싱, 수입과 수출의 시대가 가고 인소싱과 물건을 직접 만들어 쓰는 메이커의 시대가 온다. 그렇게 되면 3개월 동안 바다를 통해 물건을 실어 나르는 화물선은 사라질 수밖에 없다. 1920년대까지만 해도 사람들은 타이타닉호 같은 거대 선박을 타고 여행을 했다. 그러나 요즘은 비행기로 여행을 다닌다. 화물선이나 항구 등도 점 차 사라지고 각자가 물건을 직접 만들어 쓰는 시대가 도래한다.

또한 비행기보다 훨씬 빠르고 값싼 하이퍼루프가 2018년 프랑스 툴루즈에서 선 보일 예정이다. LA에서 라스베이거스까지도 하이퍼루프가 연결될 전망이다. 일 론 머스크가 개발 중인 하이퍼루프는 6시간 비행에 600달러가 드는 LA–샌프란 시스코 간 이동을 30분에 단돈 26달러로 달리는 것을 목표로 하고 있다.

머스크는 모든 기술을 오픈소스로 내놓았고 5년이 지난 지금 HTT, 하이퍼루프 원, ET3 등 많은 진공자기부상열차를 연구하고 신기술을 개발하는 스타트업들 이 우후죽순처럼 생겨나고 있다. 곧 아시아에서 알래스카를 지나 아메리카 대륙 까지 서너 시간대로 연결돼 화물을 시속 2,000~6,000킬로미터로 실어 나르는 세상이 된다. 그러니 2~3개월 걸리는 화물선이 소멸되는 것은 당연한 일이다.

한편 '하늘을 나는 자동차'도 등장한다. 우버는 2018년 에어택시Air Taxi를 내놓 을 것이라고 발표했다. 독일의 항공기 벤처 카플레인Carplane은 접이식 날개를 장착한 플라잉 카를 만들고 있고, 몰러 인터내셔널Moller International은 스카이카 Skycar를, MIT 기술자들은 테라퓨지아Terrafugia를 설립해 하늘을 나는 자동차를 만들고 있다. 뉴질랜드의 마틴 에어크래프트Martin Aircraft는 개인 비행 장치인 제트팩Jetpack을 공개했다. 이것은 백팩 같은 장비를 메고 단추를 누르면 그대로 날아가는, 한마디로 '하늘을 나는 인간' 장치다. 아직은 8분 정도 날아갈 뿐이지만 배터리의 효율성이 높아지고 가벼워지면 앞으로는 자동차를 타고 돌아다니는 게 아니라 제트팩 하나를 메고 단추만 누르면 하늘로 쏜살같이 날아가 원하는 곳에 당도할 수 있게 된다.

우리는 이미 초연결 사회에서 살고 있다. 가상현실, 증강현실로 공부도 하며 여행도 하고 게임도 한다. 그리고 사람들은 한곳에 있는 게 아니라 홀로그램으로 동시에 수십여 곳에서 연설을 하거나 퍼포먼스를 할 수 있다. 가수들은 여러 곳에서 동시에 행사를 진행할 수 있고, 세일즈맨은 자신의 물건을 증강현실로 보여주면서 팔 수 있다. 모든 곳, 모든 사람이 연결되어 여행을 할 필요가 없다. 가상현실로, 홀로그램으로, 아바타로 자기 자신을 여러 곳에 보낼 수 있는 미래에는 큰 배를 타고 힘들게 밖으로 나갈 필요가 없는 것이다. 기존의 조선과 해양, 항만 산업이 레드오션이 되고 결국엔 사라질 수밖에 없는 가장 큰 이유다.

06

바이오, 노화 시계를
거꾸로 돌리는 생명공학 기술

실리콘밸리, 노화 정복에 뛰어들다

최근 실리콘밸리의 생명과학 연구팀들은 '생명의 암호'를 해킹해 실제로 젊음을 유지할 수 있는 프로젝트를 내놓고 임상시험을 시작했다. 2015년 설립된 '팰로앨토 장수상'Palo Alto Longevity prize은 2018년까지 노화의 비밀을 풀어냈다고 인정되는 팀에게 100만 달러(약 11억 원)의 상금을 지급하기로 했다. 이에 하버드 대학교, 스탠퍼드 대학교, 조지 워싱턴 대학교 등 세계 최고의 연구팀들이 노화의 비밀 연구에 뛰어들었다. 연구팀들이 임상시험을 앞두고 있는 노화 방지 기술이 실제로 적용되는 날이 오면 인간의 평균수명은 120~130세까지 단숨에 늘어나게 된다.

몇 년 전부터 세계적인 IT 기업을 세운 창업자들이 바이오 기업을 세우거나 의학 연구 재단에 거금을 지원해 노화 연구에 힘을 싣고 있다. 현재 가장 많은 자금을 투자해 죽음과 노화의 문제를 해결하려는 곳은 단연 페이스북이다. 마크 저크버그와 그의 부인인 소아과 전문의 프리실라 챈은 2015년 딸을 출산하면서 딸이 살아갈 세상의 모든 질병을 없애기 위해 전 재산을 내놓겠다고 말하며 자선 단체를 설립했다. 구글의 칼리코Calico도 빼놓을 수 없다. 2013년 구글은 칼리코를 설립하고 세계 10위 글로벌 제약사 애브비Abbvie와 노화 연구에 15억 달러를 공동 투자하는 계약을 맺었다. 휴먼 롱제비티Human Longevity는 미국의 생명과학자 크레이그 벤터Craig Venter와 엑스프라이즈X-PRIZE 재단의 피터 디아만디스Peter Diamandis가 7,000만 달러를 투자받아 설립한 회사다. 이들은 2020년까지 100세 이상 노인을 포함해 100만 명의 유전자 정보를 완전히 해독해 수명 연장을 가능하게 해줄 유전 정보를 찾아내면 더 이상 병원이 필요 없어진다고 말한다.

빌 게이츠도 최근 수백억 달러를 들여 비슷한 연구 프로젝트를 시작했다. 세계 2위 소프트웨어 업체 오라클Oracle의 공동 창업자 래리 앨리슨Larry Ellison은 자신의 이름을 딴 '앨리슨 의학 재단'을 설립하고 1997년부터 현재까지 노화 연구에 3억 3,500만 달러를 지원했다. 인터넷 결제 시스템 업체 페이팔Paypal의 공동 창업자 피터 틸Peter Thiel 역시 노화 연구자인 오브리 드 그레이Aubrey de Grey 박사가 이끄는 센스 연구 재단의 인간 수명 연장 연구에 600만 달러를 지원하기도 했다.

이처럼 실리콘밸리의 억만장자들이 수명 연장과 노화 정복 연구에 투자하는 이유는 과학자들의 이런 연구를 통해 고령화 사회의 문제를 해결할 수 있다고 믿기 때문이다. 만일 장수와 회춘 연구로 나이가 들어도 건강하게 살 수 있게 되면 이른바 '건강 수명'이 늘어나 노년층의 의료비 부담을 크게 줄일 수 있다.

줄기세포와 의료 혁명

수명 연장 산업의 대표 주자는 단연 줄기세포 연구, 유전자 편집 가위인 크리스퍼CRISPER와 관련된 산업이다. 줄기세포는 심장, 뉴런, 간, 폐, 피부 등 특수한 세포로 변형될 수 있으며 더 많은 줄기세포를 만들기 위해 분열할 수 있는 세포다. 또한 손상이나 염증 부위로 소환되어 상처를 치료하고 정상적인 기능을 회복시키기도 한다. 이 독특한 세포를 이해하고 활용하면 수명 연장 분야뿐 아니라 모든 종류의 만성질환과 재생 치료에서 혁신적인 성과를 이뤄 낼 수 있다.

이미 줄기세포를 이용해 질병을 치료하고 마비 환자의 재활에 성공한 사례가 여럿 있다. 일본 오사카 대학교의 코지 니시다 박사가 이끄는 생물학 연구진은 성인의 피부 샘플을 사용해 사람의 안구를 구성하는 망막, 각막, 렌즈 등의 조직을 배양하는 데 성공했다. 스탠퍼드 대학교에서도 줄기세포 주사로 다시 걷게 된 뇌졸중 환자의 사례가 있다. 서던캘리포니아 대학교의 신경회복센터는 마비된 21세 남자의 손상된 경추에 줄기세포를 주사했다. 그러자 3개월 후 그의 두 팔에 감각과 움직임이 크게 향상되는 결과가 나타났다. 이런 줄기세포 치료를 통해 알츠하이머병, 파킨슨병, 루게릭병 같은 신경퇴행성질환 치료의 새로운 길이 열렸다.

지난 10년 동안 줄기세포 관련 연구에 대한 연간 출판물 수는 40배 증가했고 줄기세포 시장은 2020년까지 1,700억 달러에 이를 전망이다. 만성질환에 대한 치료 방법을 개발하고 재생 치료 옵션에 대한 수요가 늘어나면서 줄기세포 연구는 더욱 동력을 얻고 있다. 줄기세포 연구와 관련해 앞으로 성장 잠재력이 가장 높은 분야를 살펴보면 다음과 같다.

조직공학

조직공학tissue engineering이란 체외에서 배양한 조직을 이식해 기능을 발휘할 수 있는 조직 재생을 목적으로 한다. 병에 걸린 조직을 수리하거나 교체, 보강하기 위해 신체의 줄기세포를 사용하는 조직공학은 빠르게 발달하고 있는 분야다. 그러나 세계가 고령화 사회로 접어들면서 매년 기증되는 조직과 장기 부족 현상이 악화되고 있다. 조직공학 분야의 과학자들은 병나고 손상된 조직에서 정상적인 기능을 회복하고 유지할 생물학적 대체물질을 만들기 위해 세포 이식, 소재과학, 생체공학을 적용하고 있다. 줄기세포 분야 또한 빠르게 발전하면서 세포 치료와 조직공학에 대한 새로운 옵션을 제시하고 있다. 특히 출생 후 줄기세포에 대한 연구는 조직공학의 관점을 크게 바꿀 수 있는 잠재력을 지닌다.

줄기세포 은행

줄기세포 은행stem cell banking은 출생 시 손상되지 않은 원래의 DNA가 있는 줄기세포를 채취해서 이를 많은 양으로 복제한 다음 동결시켜 보관한다. 신생아의 탯줄에서 발견되는 혈액과 태반은 줄기세포가 매우 풍부한 기관으로, 이를 버리지 않고 보존하면 장수와 건강한 삶의 열쇠가 될 수 있다. 이미 세포를 분리하고 가공한 뒤 저온 보관(세포를 영하 180도 정도에서 동결)하는 라이프뱅크USALifebankUSA라는 개인 세포은행 회사가 있다.

중간엽줄기세포의 임상적 응용

중간엽줄기세포Mesenchymal Stem Cells, MSC는 약 10년 동안 의료기관에서 사용되었다. 현재 전 세계에서 MSC 기반 세포 치료의 잠재력을 평가하기 위해 임상시험 단계별로 344건의 등록된 임상시험이 진행되고 있다. 동물 실험에서 임상시험에 이르기까지 MSC는 수많은 질병 치료에 유망한 진전을 보이고 있다. 정형외과에서는 골아세포, 간세포, 연골세포로 분화하는 MSC의 능력을 주목하고 있다.

세포 재생 프로그램

솔크 연구소Salk Institute의 연구진은 일반적인 성숙 세포를 다능성줄기세포pluripotent stem cells(많은 종류의 세포로 변형될 수 있는 세포)로 재프로그래밍하는 프로세스를 이용해 생쥐의 수명을 최대 30퍼센트까지 늘리고 일부 조직을 젊어지게 하는 데 성공했다. 이것은 세포의 유전 암호를 변화시키지는 않았지만 유전자에 규제를 가하고 특정 유전자의 활동성을 결정하는 '후생유전학적 마크'epigenetic marks라고 불리는 DNA의 화학적 성격을 변경한다. 이 발견은 후생유전학적 변화가 노화 과정의 핵심임을 시사하며, 그런 변화를 바꿀 수 있고 심지어 가역적일 수 있다는 가능성을 제시한다.

인공지능으로 빨라지는 신약 개발

수명 연장과 관련해서 주목해야 할 또 다른 분야는 바로 제약 산업이다. 제약 산업 또한 인공지능 기술의 도입으로 혁명적 발전을 맞게 된다. 평균적으로 신약 하나가 시장에 출시되기까지는 1,000여 명의 인력, 12~15년의 시간 그리고 평균 16억 달러가 소요되는 것으로 알려져 있다. 그러나 신약 발견 및 개발에 인공지능 시스템을 도입하면 신약 개발에 소요되는 시간과 비용을 획기적으로 줄일 수 있다.

신약 개발 과정에 딥러닝 기술과 인공지능을 도입한 최초의 회사는 인실리코 메디슨이다. 이곳의 과학자들은 생체의학 연구 결과를 추적하고 노화와 수명 연장 관련 물질, 화합물을 식별하는 데이터베이스를 구축했다. 이 데이터베이스는 나중에 사람에게 안전하고 효과적인 신약 후보군의 우선순위를 정하는 딥러닝 기술 기반의 독점적 생체 정보 도구를 사용해 스크리닝된다. 인실리코 메디슨은 주어진 매개변수로 항암제를 생성하기 위해 딥러닝 GANGenerative Adversarial Network 기술을 이용했다. 실제 이미지와 합성 이미지를 구분하도록 훈련하고, 이를 바탕으로 실제와 같은 합성 이미지를 재생성하는 기술을 적용한 최초의 시도라고 할 수 있다.

이런 방법으로 각각의 환자를 위한 약과 약의 조합을 개발, 생산할 수 있고 노화를 늦추거나 젊어지게 하는 약을 개발할 수 있다. 또한 약이 노화를 비롯해 나이와 관련된 상태를 어떻게 호전시키는지 그 효과를 측정할 수 있다.

생명을 구하는 노화 연구

우리는 '인간은 모두 죽는다'는 개념을 받아들이며 살고 있다. 그러

나 오브리 드 그레이 박사와 버크 노화연구소의 브라이언 케네디Brian
Kennedy 박사는 수명 연장이야말로 인류가 추구할 가치가 있는 목표라
고 말한다. 수명 연장은 더 오래 사는 것뿐만 아니라 노년기를 무병 상
태로 보낼 가능성을 높인다. 지금까지 의료 부문의 연구는 노화와 관
련된 질병(당뇨, 암, 치매 등)을 하나씩 개별적으로 치료하는 데 중점을
두었지만 거의 성공하지 못했다. 넓게 보면 그런 만성질환의 가장 크
고 확실한 원인은 사람이 나이를 먹는 데 있다. 따라서 노화 방지를 목
표로 하면 대부분의 질병 발생을 지연시킬 수 있다고 케네디 박사는
말한다.

결과적으로 수명 연장은 사회에 도움이 된다. 향후 20년 안에 줄기
세포와 인공지능 기반 신약은 의학 분야를 영원히 바꿔 놓을 것이다.
앞으로 의학은 질병을 치료하는 것에 그치지 않는다. 생명을 연장시키
고 잠재적으로는 생명을 구하는 역할을 하게 된다. 어쩌면 우리는 인
류 역사상 가장 흥미진진한 시대를 살아가고 있는지도 모른다.

07
안보, 테러 방지를 위한
새로운 사회계약

안보를 위한 기술, 테러를 위한 기술

나토NATO의 〈미래 테러 탐구: 외로운 늑대 테러리스트, 즉 단독 테러범 식별 및 저지 방법〉 보고서가 2017년 4월 유엔미래포럼(밀레니엄 프로젝트 글로벌 싱크탱크와 FIRS2T 이스라엘그룹 전문가 집단)에 의해 발표됐다.

미래에는 각종 테러가 급증한다. 개인이 무기나 신기술에 쉽게 접근할 수 있고 정보와 전문 지식도 인터넷을 통해 얻을 수 있기 때문이다.

또한 스마트폰이나 가상현실에 빠져 현실과 타협하지 못하고 혼자 상상하고 실행하는 정신병적 행동을 하는 개인이 급증하는 것도 큰 원인이다. 과대망상이 점점 더 많아지고 영화나 드라마 등을 통해 무기다루는 법이나 살인, 살상에 대한 시뮬레이션이 더 일반화되고 있기 때문이기도 하다. 그래서 각국 정부나 민간단체는 이런 위협에 대처하기 위해 테러 예방에 더 많은 주의를 기울이고 있다. 앞으로는 테러분자 식별이나 테러 위협 전문가들이 더 많이 고용되고 이 분야의 일자리가 급증한다.

이 분야와 관련된 전문가들의 수는 헤아릴 수 없이 많다. 테러의 사전 탐지를 위한 신기술 및 잠재적인 조치 전문가, 테러가 발생시킬 문제를 식별하고 필요한 조치를 취하는 전문가, 테러의 새로운 종류에 대한 프레임 워크 연구 전문가, 테러 관련 새로운 기술 옵션 및 위협을 감지하고 방지하는 신기술 개발자, 테러를 예방하거나 줄이기 위한 새로운 사회계약을 개발하는 전문가, 단독 테러범과 그들의 테러를 진화하기 위한 전략 전문가, 테러 위협 방지 전문가, 보복 테러 관리 및 시민의 권리 전문가, 보안 관련 각종 기술 및 법안 정책을 개발하는 전문가, 글로벌 선물 정보 시스템 전문가, 사이버 공간의 테러리스트 식별 전문가, 급진적 기술 및 테러 기술 개발 중단을 위한 각종 시스템 개발 전문가, 개인의 예지력으로 테러를 예측하며 예상치 못한 테러를 대비하는 전략 전문가 등이다.

앞으로 테러가 더욱 증가하는 데에는 신기술들의 등장도 큰 역할을 한다. 인공지능 기술은 점점 더 일반화되어 가장 많이 활용될 것이다. 합성생물학 또한 각종 생화학적, 생물학적 테러 물질이나 약품 개발을 가능케 한다. 이렇듯 첨단 기술이 보편화되면서 개인은 특별한 능력, 즉 '외로운 늑대' 테러리스트가 될 잠재력을 더 많이 갖게 된다. 단독 테러가 발생할 확률이 높아진다는 말이다. 미래에는 지금보다 더 자주 테러가 발생하겠지만 더 큰 문제는 그 강도가 지금보다 훨씬 더 파괴적이라는 점이다.

따라서 미래에 부상할 신기술이 테러에 이용될 가능성을 예측하는 것은 매우 중요하며, 미래의 위험에 대한 보안 패러다임을 변경하는 정책과 노력이 필요하다. 그리고 개인이 단독 테러의 위험으로부터 신변을 보호할 위험 예방 프로그램을 미리 개발해야 한다. 우선은 숨어 있는 테러리스트를 찾는 새로운 기술과 전략을 개발하고, 기술적 수단과 대책 개발 및 관리 상태를 점검하는 시스템을 구축해야 한다. 또한 교육과 보안 훈련 등으로 잠재적 단독 테러범의 수를 줄이기 위한 전략을 세워야 한다. 단독 테러범의 조기 발견은 학대 아동을 조기 발견하는 것만큼 중요하다는 사실을 잊지 말아야 한다.

테러 방지 산업의 부상

미래에는 테러리스트를 방지하는 분야에 수많은 일자리가 창출되며 이런 일들은 고급 기술을 필요로 한다. 그리고 정부와 협력하는 형태의 안정적인 일자리로 자리 잡는다.

- 테러범과 연결하는 각종 데이터를 수집하는 센서 메시 네트워크와 인공지능 조기경보 시스템 전문가들이 대대적으로 필요하며 테러 대비 훈련이 시급하다. 이를 위해서는 인공지능 로봇 경비원이 많은 위치에 설치돼야 한다.
- 소셜 미디어에 적용하는 인공지능이 필요하다. 트위터, 페이스북, 인스타그램 등 SNS 기록을 읽고 테러의 낌새를 알아채거나 단체 채팅방 등에서 진행되는 암호나 대화를 분석하는 인공지능 개발이 필요하다.
- DNA 분석을 통해 각종 무기 개발에 대한 흔적을 찾거나 테러리스트들의 DNA를 수집, 분석해 그들의 이동이나 모임, 행동 등을 파악할 수 있는 시스템을 구축하는 산업이 새롭게 주목받는다.
- 범죄자나 도둑, 살인자들의 두뇌 영상을 촬영해 그들의 특징을 식별할 수 있는 자기공명영상fMRI 시스템 개발도 중요하다. 또한 살인 직전의 극도로 긴장된 뇌 영상을 감지하고 테러 행동을 발생 직전에 예방하거나 검거하는 시스템 개발이 필요하다.
- 마이크로 드론을 테러 예방용으로 개발하는 프로젝트가 각국에서 진행되고 있다. 바퀴벌레나 작은 나방, 나비 등의 모습으로 만든 아주 작은 로봇이나 드론으로 테러리스트들의 은신처나 근거

지에서 각종 테러 행위를 식별하는 것이다. 이는 테러가 일어날 장소나 테러리스트들의 행동과 움직임을 미리 알려 주어 조기경보 시스템을 작동시킬 수 있다.

- 새로운 종류의 보안 방화벽 및 사이버 트랩을 이용해 테러분자들이 단체 채팅방에서 테러 모의를 할 수 없도록 방해하거나 그들의 행위나 준비 사항을 사이버 상에서 파악하고 신속히 와해시키는 시스템 개발이 필요하다.

- 테러와 관련된 정신적, 생리적 실험 및 인간의 행동 변화나 걸음걸이, 어투, 심리적 변화를 감지하는 시스템이나 기기 개발이 필요하다.

- 테러의 악영향 등을 언론에 공개하거나 교육 프로그램, 사회 고발 프로그램으로 만들어 공공의 분노를 일으킬 필요가 있다. 테러에 대한 사람들의 생각이 행동으로 이어지도록 만드는 것이다. 정부는 사람들이 테러리스트를 식별하는 노력을 기울이도록 새로운 사회계약으로 이어질 TV 공개토론을 준비해야 한다.

이 새로운 사회계약에서 고려돼야 할 점이 몇 가지 있다. 우선 개인의 권리 및 정보 수집과 분석, 배포에 관한 허용이 이뤄져야 한다. 각국 정부와 국제기구, 민간단체와 시민들이 여기에 협조하고 사회구성원으로서 공동 책임을 느끼게 하려면 정부의 전략과 홍보가 매우 중요하다. 테러 상황에서는 시민이 제보하는 정보뿐 아니라 정부, 국제기구, 민간기구의 정보를 모두 공유할 수 있어야 한다.

또한 조기 발견이 가능하도록 시스템을 개발하고, 시민들의 보고나 고발 등을 집적해 이를 테러 시 사용할 수 있도록 정부의 결정과 유연성이 필요하다. 테러 훈련을 적법화하고 합법적인 것으로 인정하는 노력도 있어야 하며 평화를 추구하는 문화를 만들고 홍보하는 교육 시스템도 필요하다. '외로운 늑대'가 공공장소나 정부 건물들을 공격하기 전에 감지해서 최전선에서 상황이 수습되도록 상황 관리 시스템이 개발돼야 한다.

지금도 세계 곳곳에서 크고 작은 테러들이 발생하고 있지만 앞으로는 더 다양한 형태의 위험한 단독 테러들이 증가한다는 사실을 모두가 인식해야 한다. 기하급수적인 신기술의 발전은 테러의 위협을 높이기도 하지만 평화를 유지하는 데 중요한 역할을 할 수 있다. 양날의 검과도 같은 기술이 어떻게 사용되느냐에 따라 우리의 미래가 더 안전하거나 더 위험해질 수 있음을 기억해야 한다.

닐 야콥스타인 Neil Jacobstein

싱귤래리티 허브의 인공지능 및 로봇공학 부문 공동의장인 닐 야콥스타인은 《포춘》 선정 100대 기업들을 위한 인공지능 애플리케이션을 만들고 있으며, 지난 25년 동안 정부를 위해 일했다. 환경과학에서 나노 기술과 분자 제조에 이르기까지 여러 학문 분야에 깊은 조예가 있으며 특히 기하급수적 기술의 윤리적 문제들을 연구하고 있다.

Q1 머신 러닝과 로봇은 많은 부를 창출하지만 인간이 해오던 수많은 일자리를 대체한다고 합니다. 그러나 산업혁명 과정에서도 수많은 유형의 직업들이 사라졌지만 이전에는 없었던 직업들이 생겨나기도 했습니다. 미래에 기술적 파괴로 사라지는 일자리의 비율과 새로 생겨나는 일자리의 비율이 균형을 이룰 수 있을까요?

저의 동료들은 새로운 일자리 창출에 대해 긍정적이지만, 저는 단기적으로는 자동화의 속도가 일자리 창출 속도를 크게 앞지르고 수많은 실업과 만족스럽지 못한 고용을 야기한다고 봅니다. 산업혁명 때는 사람들이 미숙련 노동 직업에서 교육을 받거나 새로운 기술을 익히면 더 많은 급여를 받는 새로운 일자리를 찾을 수 있었습니다. 그때와 지금이 다른 점은, 지금은 인공지능과 머신 러닝 알고리즘이 개인들이 추구하는 인지적 기술을 복제할 수 있고 더 빠른 속도로 학습한다는 점입니다. 성공적인 사례에서는 사람들이 인공지능 및 로봇과 협력해 인간 혼자서는 불가능했던 생산성을 이룰 것입니다. 이런 이동이 궁극적으로 가장 좋다고 생각하고요. 우리는 더 많은 부를 만들어 내고 경제는 성장하며 기업들은 예전에는 하지 못했던 새로운 일들을 할 수 있게 됩니다. 장기적으로 모든 사람의 삶의 질이 향상되는 사회를 이루게 됩니다. 그러나 단기적으로는 이런 변화에 대처할 수 있는 사회적 메커니즘이 없기에 현재로서는 일자리의 변화를 지켜보게 될 것입니다.

Q2 기업 또는 정부 같은 거대한 조직들은 대부분 상황을 앞서서 주도하기 보다는 상황이 일어난 후에 반응을 보이는데요. 세계는 다가오는 변화 또는 거대한 파도에 맞서 충분히 준비할 수 있을까요? 파괴적인 변화를 최소화하기 위한 주된 대책은 무엇이 될까요?

역사적으로 사회는 변화되는 상황을 앞서서 준비하지 못했습니다. 사고가 나기 전에 정책을 준비한 적은 거의 없죠. 저 역시 10년 안에 인간의 본성이 변하리라고는 생각하지 않습니다. 수많은 사람들은 대체되거나 충분히 활용되지 않을 것이고 사람들은 이에 분개할 것입니다. 가장 큰 장애물은 심리적인 것으로, 변화에 필요한 사회적 태도입니다. 대부분의 사람들은 살아가기 위해서는 일해야 한다고 믿고 있으며, 일하지 않는 것을 부끄럽게 여기거나 불명예스럽다고 생각하죠. 사회 복지와 사회 안전망 프로그램을 이용하는 사람들을 부정적으로 보는 경향이 있어요. 하지만 이제 우리가 교육과 보건, 주거, 사회적 서비스를 쉽게 조달할 수 있는 풍요의 세계로 향하고 있다는 것을 알아야 합니다.

Q3 보편적 기본소득에 대한 수많은 토론이 이뤄지고 있습니다. 이런 아이디어가 실제로 이뤄질 것이라고 생각하시나요?

물론입니다. 결국에는 기본소득이 기초일 뿐 아니라 사회를 위해 중요하다고 여길 것입니다. 공짜로 주는 돈이라고 생각할 필요는 없습니다. 우리는 사람들이 학교에 가고 환경을 보호하며 어린이와 노인을 돌보는 비용을 지불하고 있습니다. 과거에 사회가 이를 지불하기에는 너무 비용이 많이 들었죠. 하지만 지금 우리는 수많은 사회적 문제들을 이겨 내고 질적으로 수준 높은 삶을 살아갈 능력이 있습니다.

Q4 다양한 형태의 인공지능과 로봇이 곧 일터에서 일반화된다고 합니다. 우리 사회가 이런 변화에 적응하고 사람들이 새로운 기술을 갖출 수 있을까요?

그렇습니다. 인공지능과 로봇은 수십 년 전부터 이미 일터에 도입됐습니다. 사람들이 이를 준비하고 교육을 받는다면 로봇, 인공지능과 함께 지속적으로 일하고 협력해서 인공지능 혼자서 또는 인간 혼자서는 가능하지 않았던 생산성을 이룰 것입니다. 하지만 양쪽 모두에게 최선인 환경을 위해 꽤 오랫동안 작업 패턴을 조정할 필요가 있습니다. 인간의 생물학적 요소들은 기계의 능력에 뒤처지기 때문에 기계와 우리의 인식을 공동으로 진화시켜 나가야 합니다. 이런 과정은 이미 시작되었고 저는 기계와 인간이 친밀하게 상호작용하는 미래를 낙관하고 있습니다.

Q5 21세기의 가장 중요한 기술은 학습 능력과 학습한 모든 것을 재학습하는 능력이라고 합니다. 미래를 준비하기 위해 가장 중요한 기술은 무엇이라고 생각합니까?

가장 중요한 기술은 올바른 질문을 할 수 있는 능력이라고 생각합니다. 비판적이고 창조적인 사고 능력은 언제라도 쓸모가 있죠. 이는 비즈니스, 제조, 조직 그리고 각 개인들이 스스로를 개선하기 위한 기초가 됩니다. 또한 통계적으로 생각하고 세계를 수학적으로 모델화하는 능력, 어떤 것이 경제적으로 가능하지 않은지를 아는 것도 중요합니다. 한편 오늘날 불가능하다고 생각되는 것에 대한 돌파구를 찾을 수 있는 창의적이고 낙관적이며 기술적인 지식을 갖추는 것도 중요합니다.

Q6 우리의 경제와 사회는 전문화를 선호합니다. 그래서 사람들에게 한 분야에서 더 많은 지식을 갖추도록 권장하는데요. 이런 경향이 앞으로도 지속될까요?

우리 사회의 이런 전문화는 문제 해결과 창의성을 위해서는 매우 불안정한 모델이라고 생각합니다. 저는 강연에서 여러 학문 분야가 융합되는 것의 중요성을 늘 이야기합니다. 세계 전체가 이어져 있어요. 저는 사람들이 한 분야의 전문성이라는 관점의 희생자가 되지 않기를 바랍니다. 여러 학문 분야에 기초를 둔 문제 해결 능력을 구축하는 것이 최선입니다.

Q7 최근 스티븐 호킹, 빌 게이츠 같은 인물들의 발언 덕에 인공일반지능을 둘러싼 우려가 커지고 있습니다. 일론 머스크는 '생명의 미래 연구소'Future of Life Institute에 이를 방지할 보호조치 연구를 위해 1,000만 달러를 기부하기도 했는데요. 이런 우려에 대해 어떻게 생각하십니까?

인공지능의 윤리적 문제는 인공지능 커뮤니티의 핵심 주제이기도 하죠. 더 나은 미래의 인공지능을 위해서는 네 가지 핵심적인 작업이 반드시 이뤄져야 한다고 봅니다. 첫째는 시스템이 설정한 스펙과 일치하는지를 입증하는 검증 작업, 둘째는 검증된 시스템이더라도 원하지 않은 행동이나 결과를 도출하지 않는지를 확인하는 확인 작업, 셋째는 구축된 시스템을 내부적 또는 외부적으로 조작하기 어렵도록 하는 보안 작업, 넷째는 잘못되었을 때 인공지능 시스템을 중단시킬 수 있는 통제 작업입니다. 사실 이런 주제들은 철학적이거나 윤리적인 고려 사항이 아니라 시스템 설계의 문제입니다. 그리고 이런 작업은 인공지능만이 아니라 더욱 강력하고 복잡하게 개발되는 모든 시스템에 더 강력하게 적용되어야 합니다.

인공지능이 위험하지 않느냐고요? 그렇지 않습니다. 인간은 늘 위험에서 자유롭지 않은 법입니다. 언제나 해로운 방식으로 이런 기술을 개발하는 집단들이 있기 마련입니다. 그러나 대부분의 사람들, 그중에서도 인공지능 연구자들이나 개발자들은 악의적이지 않습니다. 세계 대부분의 지성과 에너지는 우리 사회를 바르게 구축하는 데 사용되고 있습니다. 그렇지만 우리가 가진 기술이 인류의 건강과 환경을 개선할 수 있도록 사전에 준비하고 기술이 가져올 잠재적 결과를 더 잘 예측해야 합니다.

제3장

미래의 생존을 전망하다

10년 후 당신과 당신의 자녀에게 필요한 것

01
불확실성의 세계에
적응하는 법을 가르쳐라

새로운 교육 모델, 4C 접근 방법

직업 사이클이 가속화되는 세상에서 다음 세대들이 세상의 변화와 보조를 맞추려면 어떤 기술이 필요할까? 만일 수백 년 전의 농부에게 아이들이 잘 살아가기 위해 어떤 기술을 익혀야 하느냐고 물었다면 그들은 주저 없이 우유 생산 기술과 밭농사 기술이 필요하다고 대답했을 것이다.

한 가지 직업을 위한 일반 기술은 천천히 변화되어 왔다. 하지만 최근 100년간은 그렇지 않다. 각 세대, 심지어 한 세대 안에서도 수많은 직업들이 사라지고 생겨났다. 제조업의 대부분은 자동화되었으며 자동화 추세는 나날이 빨라지고 있다. 제조업 일자리는 감소했지만 프로게이머, 유튜브 크리에이터 같은 우리가 상상하지 못한 여러 직업들이 생기고 있다.

이렇게 일과 직업의 주기가 가속화되는 세상에서 생기는 의문은 '이런 변화에 계속 적응하려면 다음 세대에게 과연 어떤 기술을 가르쳐야 할까?'라는 것이다. 많은 연구들에 따르면 현재의 커리큘럼을 가지고서는 다가올 미래, 즉 기술 발달이 가속화되고 시장은 불안해지며 불확실성이 커지는 시대에 학생들이 제대로 대응할 수 없는 것으로 드러났다.

이에 일부 학교들은 최근 기술과 연관이 있는 코딩coding 관련 기술들을 가르치기 시작했다. 그러나 기술이 너무 빨리 진화하기 때문에 이런 새로운 기술들도 학생들이 취업 시장으로 들어갈 때쯤이면 이미 지나가 버린 옛 기술이 된다. 미국 듀크 대학교의 캐시 데이비슨Cathy Davidson 교수는 2011년에 발표한 저서《나우 유 시 잇》Now You See It에서 "올해 초등학교에 들어가는 어린이들의 65퍼센트는 아직 생기지도 않은 직업에 종사하게 된다."고 말했다. 싱귤래리티 대학교의 청소년 담당 책임자인 브렛 실케Brett Schilke도 최근 인터뷰를 통해 어떤 직종이 미래에 살아남을지 예측하는 것도 어렵지만 어떤 기술이 5~10년 뒤에도 생존 가능할지 예측하는 것도 어렵기는 마찬가지라고 말했다. 그렇다면 부모는, 학교는 아이들에게 무엇을 가르쳐야 할까?

핀란드는 최근 국가적 수업 과정을 '현상 기반 접근 방법'이라고 부르는 새로운 모델로 바꿔 나가고 있다. 2020년까지 전통적인 수업 과정이 4C, 즉 의사소통 능력communication, 창의력creativity, 비판적 사고력critical thinking, 협업력collaboration을 강조하는 방법으로 대체된다. 싱귤래리티 허브의 편집장 데이비드 힐David Hill은 이 네 가지야말로 팀으로 협력해 작업하는 데 핵심적인 기술이며 오늘날 우리가 살아가는 초연결 사회를 반영하는 것이라고 말했다. 힐은 4C가 21세기의 성공적인 사업가들과 직접적으로 관련된 기술이라고 말한다. 변화가 가속화된다는 것은 오늘 교육받은 직업이 내일이면 존재하지 않을 수도 있음을 의미한다. 핀란드의 접근 방법은 이제 더 이상 존재하지 않는, 느리고 안정적인 노동 시장을 위해 만들어진 낡은 교육 모델과 비교된다.

세계의 성공적인 기업가들은 4C와 더불어 교실에서 가르칠 수 있는 세 가지 기술을 더 이야기한다. 적응성adaptability, 회복탄력성과 끈기resili-ency and grit, 지속적으로 배우려는 사고방식mindset of continuous learning이다. 이런 기술들은 학생들이 문제를 해결하고 창의적인 사고 능력을 갖게 하며 그들이 마주할 새로운 변화에 신속히 대응할 수 있도록 해줄 것이다. 불확실성의 세계에서 유일하게 변하지 않는 것은 '적응하고 중심을 잡으며 다시 회복할 수 있는 능력'이다.

핀란드와 마찬가지로 부에노스아이레스도 변화를 도모하고 있다. 부에노스아이레스 고등학교의 수업 과정은 2년간의 기술 교육과 3년간의 기업가 교육으로 이뤄져 있다. 에스테반 불리치ₑₛₜₑbₐₙ Bᵤₗₗᵣᵢcₕ 교육부 장관은 싱귤래리티 대학교와의 최근 인터뷰에서 이렇게 말했다. "아이들이 학교를 졸업하면 공교육을 통해 학습한 능력을 바탕으로 그들이 만들고 싶은 미래를 만들고 세상을 변화시키기를 바란다." 그는 학생들이 학교 밖에서 마주칠 현실이 무엇이든 이에 대응할 수 있는 기술과 적응력을 가르치는 것이 교육의 궁극적인 목적이라고 이야기한다.

이런 기업가적 기술을 교육에 포함시키려는 노력은 미래의 지도자들이 기술의 발전 속도에 따라 유연하게 대응할 수 있도록 해준다. 부에노스아이레스의 기업국장 마리아노 마예르Mariano Mayer는 이런 기술과 적응력은 미래의 노동 시장에서 가장 높은 가치를 갖게 된다고 말했다.

미래 교육에 대한 이런 사고방식은 세계경제포럼과 보스턴 컨설팅 그룹의 보고서 〈교육 분야의 새로운 비전: 기술 잠재력의 발현〉의 내용과도 일치한다. 이 보고서는 21세기 기술의 핵심을 기초 문해력, 역량, 인성 자질이라는 세 가지 범주로 분류했다. 그리고 이같은 '21세기 기술'을 갖추기 위해 꼭 뒤따라야 하는 것이 평생교육이다. 즉, 평생에 걸친 지속적인 학습이 필요하다는 것을 뜻한다.

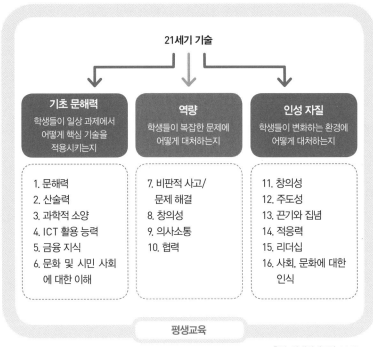

출처: 세계경제포럼, 2015

학위 중심에서 지속적 학습 중심으로

오늘날 이루어지고 있는 학위 중심의 교육과 반대 개념인 지속적 학습 방식은 미래의 기술 변화에 대응해 꼭 필요한 새로운 교육의 형태다. 이는 또한 노동 시장의 수요를 반영한다. 평생 학습과 기술 발전은 개인의 경쟁력과 대응력 그리고 가치를 높여 준다. 실제로, 교육의 초점을 학위 취득에서 '지속적인 학습'으로 전환하는 것은 학생들에게 이익이 된다. 그리고 이런 변화는 교육기관이 교육적 가치를 유지하는 데도 도움을 준다. 불리치는 이렇게 말한다. "변화에 대한 공포는 혁신에 뒤처지게 합니다. 지금 우리는 우주선을 만드는 게 아니라 자동차를 조금 업그레이드하는 것에 대해 토론하고 있는 수준입니다. 그래서는 미래에 대응하기도, 세상을 변화시킬 수도 없습니다. 지금은 우주선을 만들어야 할 때입니다. 교육과 학습은 리모델링할 준비가 되어 있습니다. 지금은 우리가 더욱 열심히 일할 때입니다."

큰 변화를 위해서는 지금 앞을 막아선 장벽을 넘어서야 한다. 전통적 가치가 강한 교육 분야에서 변화에 대한 공포는 피할 수 없다. 그러나 그 공포를 딛고 일어나 앞으로 나아가야 미래를 준비할 수 있을 것이다.

02
학교와 교사가 없는
교육의 시대를 대비하라

교사 없는 교육 시스템의 부상

우리는 아직 존재하지도 않는 직업을 위해, 아직 발명되지 않은 기술을 사용하기 위해, 아직 정확히 무엇인지 알지도 못하는 문제를 풀기 위해 학생들을 준비시켜야 한다. 조사에 따르면 현재 전 세계적으로 1,800만 명의 교사가 부족해서 23퍼센트의 아이들은 학교에 가지 못한다. 그런데 이제는 배워야 할 게 점점 더 많아지기 때문에 교사 부족 현상을 해결하기가 더 어려워진다. 따라서 앞으로는 교사 없는 교육, 즉 인공지능 교육 시스템이 필요해진다.

역사적으로 교육은 학교라는 시설과 교사의 역량으로 진행됐다. 고등교육을 실시할 수 있는 부유한 국가는 멋진 건물을 짓고 세계적으로 유명한 학자들을 끌어모아 대학을 설립했다. 그러나 초연결 사회에서는 특정 지역의 학교와 교사가 갖는 의미가 사라진다. 점점 더 많은 지역이 교사 중심의 교육에서 학습 중심의 교육으로 바뀌고 있다. 교육은 이제 막 중요한 변혁기에 접어들었고, 인공지능 기반의 '교사 없는 교육 시스템'이 신속하게 부상하고 있다.

속성 비즈니스 훈련을 위한 마이크로 칼리지

또한 가까운 미래에는 대학교가 아니라 3개월짜리 마이크로 칼리지Micro College의 시대가 온다. 미래의 일자리 연구 결과 2030년이 되면 평균 근로자는 일생 동안 여섯 번 정도 자신의 경력을 '리부트'reboot 한다. 새로운 일자리에 맞도록 재교육을 여섯 번 받는다는 말이다. 가능하면 최소한의 시간에 끝내야 하므로 전통적인 4년제 대학교는 이를 충족시킬 수 없다. 이미 인력을 신속하게 재교육할 필요성이 커지면서 3개월짜리 마이크로 칼리지가 폭발적으로 증가하고 있다.

2012년 다빈치 연구소DaVinci Institute가 다빈치 코더스DaVinci Coders를 개설한 후 2016년에는 550개가 넘는 코딩 스쿨이 생겨났다. 2014년

페이스북이 오큘러스 리프트Oculus Rift를 매입했을 때 가상현실 디자이너, 코더, 제작 아티스트에 대한 수요가 급증했지만 이를 가르칠 사람이 없었다. 일반 대학에서는 비즈니스 분야에 필요한 훈련을 6~7년 앞서 예측하는 게 불가능하다. 그래서 오늘날 성공적인 기업들은 스스로 기하급수적 사고를 갖추고 '먼저 절벽에서 뛰어내려라. 떨어지는 동안 날개를 만들 수 있다'와 같은 비즈니스 모델을 지향한다.

마이크로 칼리지는 단기간 실시되는 신기술 몰입 교육이다. 3D 프린트 디자이너 트레이닝 센터, 크라우드펀딩 자격 아카데미, 드론 조종사 학교, 데이터 시각화 및 분석 학교, 아쿠아포닉스 농부 연구소, 도시농업 아카데미 등이 있으며 신속하게 신기술을 교육하는 시스템을 갖추고 있다.

인공지능 학습과 교육의 미래

인공지능을 티처봇에 적용한다면 어떨까? 인공지능은 학생들을 가르치는 가장 빠르고 효과적인 방법을 찾을 것이다. 그리고 시간이 지나면서 모든 학생의 관심사, 성향, 특이성, 선호하는 도구, 개인적인 기준점을 비롯해 주의력이 산만함에도 불구하고 참여와 학습 태도를 유지시키는 방법을 스스로 학습할 것이다. 이런 인공지능을 이용한 학습은 지금의 교육 속도보다 네 배, 여섯 배, 열 배 더 빨라지며 1~2개월 내에 4년제 대학 학위와 경쟁할 수 있게 된다.

새로운 인공지능 학습 시스템은 아직 개발 중이며 10년 정도가 더 소요될 것으로 전망한다. 그러나 예상보다 빠르게 다가올 것이다. 수요가 있기 때문이다. 시대는 이제 더 나은 능력을 가진 사람들을 필요로 한다. 기존의 시스템으로는 갑자기 더 나은 결과를 낼 수 없으며 인공지능 교육으로 풀 수밖에 없다. 인공지능 학습의 가장 큰 적은 아마도 일자리를 잃을 교육자들과 새로운 것에 저항하는 게 특징인 바로 우리 자신일지도 모른다.

가장 전통적이고 역사적인 학교가 사라질지 모른다는 전망은 학생과 교사를 비롯해 교육과 관련된 모든 이들의 불안감을 증폭시킨다. 그러나 기하급수적인 속도로 제4차 산업혁명이 진행되고 있는 오늘날에는 기존의 교육 시스템으로 변화의 흐름을 따라가기는 어렵다. 커리큘럼은 물론 학교와 교사 같은 물리적인 시스템도 인공지능이 대신할 날이 곧 오게 된다. 이런 변화에 맞서 무조건 거부하거나 수용하는 것이 아닌, 미래의 우리와 우리 자녀에게 무엇이 필요하고 필요하지 않은지 깊이 고민할 시점이다.

03
인간과 기계의 공존 시대,
우리에게 필요한 것

지금보다 더 '인간적'인 미래

인공지능을 필두로 시작된 기술혁명이 인간을 대체하면서 노동자들에게 이것이 큰 재앙이 될 것이라고 우려하는 사람들이 많다. 기술이 인간의 미래를 더 낫게 만들 것이라고 생각하는 사람으로서 그 우려에 대해 다음과 같은 비유로 설명을 해볼까 한다.

희대의 명탐정 셜록 홈즈를 모르는 사람은 없을 것이다. 주인공 홈즈가 펼치는 연역적 추론에 대한 시각적 묘사는 기계 알고리즘을 떠올리게 한다. 일반인들은 무심히 지나치거나 잊어버리는 엄청난 데이터를 홈즈가 마치 컴퓨터처럼 처리하는 것을 보면 그렇게 보이는 것도 무리가 아니다.

그러나 홈즈의 지성은 힘과 동시에 명확한 한계를 지니고 있다. 그의 사고방식은 사회적, 감정적 맥락을 직관적으로 이해할 수 없다는 한계가 있다. 그래서 홈즈는 경험적 데이터를 인간에게 대입할 때 친구인 존 왓슨을 필요로 한다. 이런 홈즈와 왓슨의 관계는 완전한 인지 기능을 가진 '인간 협력자'와 인공지능의 컬래버레이션을 떠올리게 한다. 기계의 지능은 본질적으로 인간의 지성을 쓸모없게 만들지 않는다. 오히려 기계는 인간의 지도를 필요로 한다.

지금이 바로 그때다. 세계는 확고하게 기계 지능과 사이버-물리 시스템의 시대라는 제4차 산업혁명의 파도 속으로 들어가고 있다. 이전에 다가왔던 파도들처럼 우리가 일하는 방식과 노력에 대한 가치가 급격하게 변화한 것은 마찬가지지만 이번의 파도는 여러 세대에 걸친 것이 아니라 한 세대 안에 집중된다는 점이 다르다. 이 변화가 경제적, 정치적 세계에 미치는 영향은 이미 감지되기 시작했다. 노동자와 기업 리더들 그리고 로봇 제작자들은 이렇게 급변하는 상황에서 어떻게 길을 찾아갈 수 있을까? 로봇과 안드로이드의 시대에 우리는 반드시 더 '인간적'이어야 한다.

인간은 기계와 어떻게 다른가

하나의 종으로서 호모 사피엔스는 지구상의 다른 생명, 기계와는 확연히 다른 세 가지 특성을 지닌다.

독창성

인간은 복잡한 도구에서 예술 작품, 스마트 기기에 이르는 완전히 새로운 것들을 상상하고 창조한다. 새로운 기업 상황을 창조하고 운영하기 위해서는 가장 지능적인 기계에게도 없는 상상력이 필요하다. 인공지능이 바둑을 배워 최고의 바둑 기사를 물리칠 수는 있지만 새로운 게임을 발명할 수는 없다. 인공지능은 로켓에 대해 학습하려는 욕구를 가질 수도 없다. 하지만 인간은 다르다. 인간은 차고에서 사업을 시작했어도 클라우드 컴퓨팅을 활용해 몇 개월 안에 아이디어를 제품화할 수 있었다. 그리고 제조의 자동화와 3D 프린팅 기술을 통해 개인도 적은 비용으로 대기업과 경쟁할 수 있는 구조를 만들어 냈다.

적응성

인간은 극단적으로 다른 환경에 적응하면서 살아남았다. 이런 특성은 종으로 번성할 수 있었던 핵심적 특성이었다. 지능형 기계는 인간의 상호작용 모델링을 개선하고 더 스마트한 결과를 도출할 수 있지만 자율적인 존재는 아니다. 전후 사정을 벗어나면 실행을 하지 못한다. 예를 들어 눈보라에 고립되었을 때 자동차의 봇은 도움을 요청할 수는 있지만 스스로 자동차 바퀴에 체인을 감을 수는 없는 법이다.

이렇듯 오늘날 인간은 새로운 기기와 함께 일하거나 산업용 로봇을 관리하는 기술을 배우는 등 스마트 기기와 기계에 의해 구동되는 제4의 물결 속 생산 환경에 적응하고 있다.

윤리적 판단

우리는 행동 과정을 평가하고 결과를 예측하며 가치 판단을 내리는 도덕적 틀을 가지고 있다. 메타인지metacognition(자신의 인지 능력을 알고 스스로 이를 조절할 수 있는 상위인지 능력)는 인간이 지닌 독특한 슈퍼파워이며 자율성의 본질이다. 우리는 메타인지를 통해 선과 악을 인지하고 공감하며 도덕적 선택을 한다. 인간이 집단적 목표를 성취하고 거대한 사회적 집단 속에서 번성하게 된 것은 바로 이런 특별한 능력 때문이다.

인간은 머신 러닝 능력이 선과 악 중 무엇을 선택해야 하는지 결정할 수 있다. 그러나 인공지능에게는 그런 능력이 없다. 인공지능은 작업장의 안전을 개선하거나 효율성을 높이기 위해 데이터를 조사할 수 있다. 또한 인간의 학습을 증진시키거나 글로벌 보건 안전 문제의 해결책을 찾을 수 있다. 즉, 지능형 기계의 '도덕적 코드'는 인간이 부여한 것에 한정돼 있다. 한마디로 인공지능은 메타인지적 인식을 가지고 있지 않다.

미래 기술에 필요한 인간의 능력

앞서 살펴본 인간의 특성은 지능형 기계를 훈련시키는 데 필요할 뿐만 아니라 인간이 원하는 일과 그것의 가치를 평가하는 일을 재정의하는 데도 필요하다.

카네기멜론 대학교의 머신 러닝 전문가인 마뉴엘라 벨로소Manuela Veloso 교수는 '공생적 자율성'Symbiotic Autonomy이라는 단어를 내놓으며 인간과 인공지능 시스템은 끊임없이 정보와 목표를 교환하는 불가분의 관계에 놓이게 된다고 말했다. 그는 인간과 인공지능 소프트웨어가 결합하면 지금까지 인간이 감당하지 못했던 영역의 일도 처리할 수 있는 힘이 생기며, 복잡한 문제들이 줄어드는 사회로 발전해 나갈 수 있다고 주장한다. 이것은 마치 존 왓슨과 셜록 홈즈의 관계와도 같다.

정교한 알고리즘을 설계할 때뿐만 아니라 머신 러닝에 새로운 인간의 통찰력을 통합해 넣을 때도 인간의 능력이 필요하다. 향후 5년 이내에 머신 러닝은 민주화된다. 지능형 서비스는 플랫폼 영역을 벗어나 모든 기업 활동에 통합되기 쉽게 만들어진다. 미숙련, 저숙련 노동자들을 대체하는 사이버 기계가 가져올 경제적 혼란은 당분간 지속된다. 그렇다면 재훈련할 수 있는 능력이나 수단이 없는 사람들을 위해 생산성의 개념이 새로운 형태를 취할 수 있을까? 사람들은 이미 소셜 미디어, 앱이나 클라우드 서비스를 통해 엄청난 양의 데이터를 생성하고 있다. 여기서 인텔리전트 알고리즘을 통해 생성된 데이터를 기반으로 비즈니스 모델을 개발할 수 있다.

미래자문기관인 인텐셔널 퓨처스Intentional Futures는 제4의 물결로 기업 내 공생적 자율성을 개발하는 데 인간학습과학이 결정적인 요소가 된다고 말했다. 인공지능 기술은 인간의 성과를 향상시킬 수 있다. 하지만 이를 위해서는 교육을 받은, '상상력이 풍부한 인간'이 필요하다. 지능형 기계에 우리가 생각하는 것과 가치를 부여하는 방식을 적용하기 위해 인간이 가진 윤리적 능력을 행사할 필요가 있다. 인공지능의 민주화는 기술과 기업에 대한 접근성만을 말하는 것은 아니다. 인간의 상상력을 강화하는 교육에 대한 접근성 또한 포함돼야 한다.

아이들에게 생물학 코딩을
가르쳐야 하는 이유

10년 전 물리학자 프리먼 다이슨Freeman Dyson은 다음과 같이 예측했다. "지난 50년 동안 컴퓨터가 우리의 삶을 지배했던 것과 마찬가지로 향후 50년 동안은 생명공학이 우리의 삶을 지배한다."

최근 MIT 연구진들은 살아 있는 세포를 위한 프로그래밍 언어를 만들었다. 이는 여태껏 어떤 유전공학 지식에서도 사용된 적이 없는 언어다. 이 언어는 컴퓨터 칩을 개발하는 데 주로 사용되는 언어인 베릴로그Verilog를 기반으로 하며 암 판별시약이나 독성물질이 일정 수준 이상일 경우 발효를 중단하는 효모 등을 생산하는 데 적용할 수 있다. 개발자들은 일반 사용자들도 이 언어를 이용할 수 있는 웹 인터페이스를 공개할 것이라고 밝혔다. 이런 연구는 곧 다가올 미래 트렌드가 무엇인지를 보여 주는 명백한 증거로서 다이슨의 예측이 현실화되기 시작하는 것처럼 보인다. 앞으로 우리는 대학이나 바이오해킹 연구소가 아니라 집에서 생명공학 도구들을 사용하는 시대를 맞이한다.

컴퓨터 '길들이기'

다이슨의 예언이 실현될지 제대로 알아보기 위해 과거로 돌아가 보자. 그리 멀지 않은 과거에 컴퓨터는 방 전체나 건물의 몇 층을 차지할 정도로 거대한 물건이었다. 컴퓨터는 사용하기에 복잡한 물건이었고 아주 단순한 일을 시키는 데도 수많은 대학 학위가 필요했다.

그러나 지난 50년 동안 인간은 프로그래밍 언어에서 하드웨어와 소프트웨어에 이르기까지 수없이 많은 도구들을 발명해 냈고 이제는 누구나 사전 지식 없이도 컴퓨터를 만질 수 있게 되었다. 세 살부터 95세 노인에 이르기까지 거의 대부분의 사람들이 스마트폰이나 태블릿을 사용한다. 그리고 인터넷은 기업과 사람들을 비롯해 예술, 음악, 영화, 문학 등 모든 분야를 연결함으로써 폭발적으로 성장했다. 이는 과거 어느 시절에도 볼 수 없었던 현상이었다. 사용 가능하고 적절한 가격에 구입할 수 있는 첨단 기기들이 등장하면서 일반 사람들도 컴퓨터로 할 수 있는 수많은 일들을 찾아냈다.

이런 풍경은 수십 년 전에는 상상도 할 수 없는 것들이었다. 이제 우리는 비슷한 '길들이기'가 생명공학 분야에서 일어나는 것을 보고 있다. 그렇지만 컴퓨터와 마찬가지로 생명공학을 이용해 생명을 재창조할 우리 아이들의 미래에 대해서는 미처 생각하지 못하고 있다.

생명공학 '길들이기'

2003년 인간의 유전자 배열이 밝혀진 이후 유전자 분석의 원가는 급락하기 시작했다. 과학자들은 이런 성취를 바탕으로 DNA를 읽고 쓰고 편집할 수 있는 새로운 도구를 연구하고 있다. 이런 도구들은 진지한 과학 영역에서 만들어지고 있지만 상당수는 생명공학 초심자에 의해서도 만들어지고 있다. 오늘날 누구나, 심지어 고등학생들도 DNA 검사 키트를 통해 자신의 DNA를 분석해 볼 수 있고 시민들을 위한 과학연구실인 젠스페이스 Genspace에서 유전자 가위 기술인 크리스퍼 기술을 배울 수도 있다. 또한 MIT 유전자 정보 시스템에서 합성 DNA를 주문할 수도 있으며 오픈PCR OpenPCR 또는 오픈트론스 Opentrons 같은 생명공학 연구실 장비를 구매해 사용할 수도 있다.

대부분의 사람들은 유전공학이나 생명공학이라는 단어에서 새로운 종류의 꽃이나 동물을 만들어 내는 새로운 예술가 세대라는 비전이 떠오르지 않을 것이다. 그러나 생명공학 길들이기 트렌드가 지속되면 차세대 공학자들은 새로운 앱을 위한 코드를 쓰는 게 아니라 새로운 식물과 동물의 코드를 작성하게 된다. 그리고 그 잠재력은 새로운 색상의 박테리아나 꽃 또는 새로운 반려동물을 만드는 것 이상의 중요성을 갖는다.

2015년 국제합성생물학대회 iGEM 중 이스라엘 출신의 팀이 '암세포에 대해 고도로 특화되고 효과적이며 암세포와 환자의 유전자에 맞춤화된 암 치료법 개발'이라는 프로젝트를 제안했다. 또 다른 팀은 업사이클한 메탄올을 대중적인 탄소 자원으로 사용하자고 제안했다. 그리고 그해 고등학생 부문 최우수상은 인체의 만성염증에 조직 손상을 막을 수 있는 방법을 연구한 팀에게 돌아갔다.

미국의 10대들은 이미 삶의 코드를 재작성하고 있을 뿐만 아니라 그들의 흥미와 학습에 대한 관심은 빠르게 성장하고 있다. 지금까지 1만 8,000명이 국제합성생물학대회에 참여하고 있다. 대회가 설립된 2004년에는 다섯 팀이 참여했지만 10년 후인 2014년에는 32개국 이상에서 245팀이 참여했다. 중요한 점은 이들이 합성생물학 기술을 이용해 인류가 직면한 거대한 도전 과제들을 해결하기 위해 노력하고 있다는 것이다. 만일 이들이 성인이 되어 더 향상된 도구를 갖게 된다면 무엇을 할 수 있을지 상상해 보라.

생명공학의 윤리적 문제

만일 다이슨의 예측이 옳다는 게 증명된다면 우리는 이미 새로운 도구를 이용해 새로운 캔버스인 생명 그 자체를 창조할 수 있는 설계자, 엔지니어, 예술가들을 양육하고 있는 셈이다. 그렇다면 이런 변화로 잘못될 수 있는 것들에는 무엇이 있을까?

〈뉴욕 타임스〉의 '바이오테크의 미래'라는 기사를 통해 다이슨은 생명공학 길들이기의 윤리에 대해 질문을 던졌다. "이것을 멈출 수 있는가? 만일 멈추지 못한다면 어떤 제한을 둘 수 있는가? 누가 어떻게 제한을 부과할 수 있는가?" 생물학은 확실히 컴퓨터의 문제보다 복잡하다. 처음 마이크로칩이 만들어졌을 때는 윤리적인 문제가 훨씬 적었다.

다이슨이 말한 생명공학 길들이기의 의미는 그것이 대중화되면서 대학이나 정부 지원 연구소의 연구로 제한돼 있을 때보다 통제를 더 적게 받는다는 말이다. 다이슨의 첫 번째 질문에 대한 대답은 명백하다. 이런 추세는 누구도 멈출 수 없다. 이미 가속화되고 있기 때문이다. 그렇다면 남은 것은 무엇일까? 이것이 다음 세대에게 생명의 코드를 재작성하는 것의 힘과 윤리를 조기에 가르쳐야 할 이유다.

04
'뷰카'의 시대,
어떤 리더가 살아남는가

기하급수적 시대의 리더십

미래의 리더는 어떤 자격을 갖춰야 할까? 지금 우리는 도전적인 시대에 살고 있다. 지정학적 혼란, 지역적이고 국가적인 사회 불안, 주기적으로 찾아오는 치명적인 자연재해, 사이버 해킹, 언론과 첨단 기술 기업에 대한 시민들의 불신 고조 등 이제껏 볼 수 없었던 혼란스러운 사회상들은 우리에게 많은 도전 과제를 던지고 있다.

20년 전부터 군사 전문가들은 더 이상 예측할 수 없도록 변화해 가는 역동적인 세상, 즉 미래 사회 환경을 가리켜 '뷰카'VUCA라고 칭했다. 뷰카란 변동성Volatility, 불확실성Uncertainty, 복잡성Complexity, 모호성 Ambiguity을 가진 사회 환경을 말한다. 왜 사람들은 엄청나게 변하고 있 는 개별적이고 집단적인, 막대하고 파괴적인 변화를 인식하지 못할 까? 빛의 속도로 변하는 첨단 기술과 초연결 세계에서 우리는 계속 고 민하고 있으며 놀라움과 불편함, 불안을 함께 겪고 있다. 바야흐로 뷰 카의 시대가 온 것이다. 변화의 속도는 줄어들지 않고 더욱더 빨라지 고 있다.

변화가 유일한 상수가 된 세상에서 리더들은 낡은 생각을 새로운 틀로 교체해야 한다. 기하급수적인 변화는 기하급수적인 리더를 요구 한다. 여기서는 기하급수적 리더십을 지탱하는 네 가지 자질을 살펴 볼 것이다. 일부 리더들은 이미 이런 자질을 보유하고 있다. 기하급수 적 리더는 모든 특성을 지배하기 위해 노력하고, 서로 영향을 미치는 방식을 분명히 이해하며, 부분이 아닌 전체의 강력한 리더가 되어야 한다.

SF적 상상력을 가진 미래학자

기하급수적 리더십의 첫 번째 자질은 미래를 예측하는 능력이다. 이를 위해 리더는 숙련된 미래학자가 되어야 한다. 이는 단순히 오늘날의 변화의 속도를 가지고 미래에 대해 추론한다는 의미가 아니다. 새로운 가능성을 담대하고 낙천적으로 상상하며, 미래가 예상보다 빨리 다가올 가능성이 높음을 알아야 한다는 말이다.

미래를 예측하기 위해서는 알려진 변수를 식별하고 정량화하는 다양한 분석 프로세스와 프레임워크를 이용해 위험을 관리하는 능력을 갖춰야 한다. 대부분의 조직에서 미래는 주로 수치 예측 및 스프레드시트를 통해 예측된다. 미래는 오늘의 연장선이므로 수량화된 예측을 수학적 공식에 대입한다는 논리다. 하지만 이런 예측은 오직 현재의 변수와 기존 추세에 의존한다. 그리고 변화의 속도가 직선으로 움직일 것이라는 가정 아래 미래를 예측한다.

그러나 현실은 직선이 아니며, 미래는 휘어지고 기하급수적이어서 다양한 변수가 튀어나온다. 예기치 않은 기술이 나오면 직선의 예측은 바로 틀린 것이 되고, 그러면 충격을 받아 쉽게 붕괴된다. 그런 예측에 의존하는 리더는 새로운 역사를 상상할 줄 모르고 미래의 가능성도 볼 수 없다.

미래는 매우 광범위한 가능성을 가지고 있으며 놀라울 정도로 빠르게 전개된다. 기술적, 환경적, 정치적 변화로 인해 기업이 망할 수도 있다. 예상보다 빨리 도착할 상상조차 할 수 없는 세상을 어떻게 준비할 수 있을까? 그래서 미래학자들이 일반적으로 사용하는 방법이 리더들로 하여금 계획을 강화하는 데 도움이 될 수 있다. 기하급수적 시대의 리더는 미래학자로서 새로운 가능성을 보기 위해 열린 질문을 하고, 미래에 대해 호기심을 갖고, 전략적 예지력과 미래의 구상, SF 디자인과 시나리오를 현실적 사업 계획에 섞을 수 있어야 한다.

리더들이 미래학자의 기술을 훈련할 때 가장 어려워하는 부분 중 하나는 '불확실한 예측'을 편안하게 여기는 자세다. 많은 고위층 리더들은 이를 매우 불안해한다. 미래학자들도 대부분 모호함과 불확실성이 불편하기는 마찬가지다. 과감하게 앞으로 나아가는 것은 의심과 두려움, 불안을 유발하는 행위이기 때문이다. 그러나 미지의 것에 대한 불편함을 극복하는 방법을 배우고, 지속적으로 새로운 것을 익히며, 새로운 경험과 사람들을 통해 미지의 것을 즐기기 시작할 때 미래를 보는 시야가 넓어지고 더 유연하고 적응력 있는 조직을 구축할 수 있게 된다.

사람들이 원하는 것을 생각하는 혁신가

미래의 리더는 새로운 미래를 상상하고, 창의적인 아이디어와 엄정한 실험으로 새로운 아이디어를 발견하는 혁신가가 되어야 한다. 요즘은 트윗 하나, 즉 고객의 사소한 의견 하나로도 훌륭한 제품 아이디어가 24시간 내에 프로토타입으로 나올 수 있다. 그러나 아직 많은 기업들은 기존 제품 시장의 출시 속도와 비용절감, 마진 증가에 주력한다. 그리고 기본적인 전략적 투자는 아직도 변동성의 최소화와 확실성을 중시한다. 새로운 기회를 모색하기보다는 이미 성공하고 있는 것을 유지하고 확장하는 데 중점을 둔다. 따라서 '고객에 대한 깊은 이해'는 쉽게 간과된다. 고객의 요구 사항을 위해 신제품과 서비스를 설계하고 개발하는 데 투자하지 않는다.

반면 혁신가는 사람들이 무엇을 원하는지를 항상 생각한다. 혁신적 리더들은 통찰력을 얻기 위해 관찰과 질문, 인간 중심적 사고를 하며 시각적 사고와 스토리텔링 기술을 사용해 가설과 아이디어를 빠르고 효과적으로 공유한다. 뛰어난 혁신가들은 이것을 반복적으로 수행해서 불확실성 속에 있는 모호한 기회를 찾아내기 위해 노력한다.

연구보다는 체험하는 과학자

기술 혁신이 가속화되면서 리더는 어떤 기술이 자신의 산업에 직접적인 영향을 미치는지, 인접한 산업에는 어떤 영향을 미치는지 이해해야 한다. 기술이 물리적 제품과 서비스를 디지털화하고 대체하면서 기존의 많은 기업들이 경쟁 우위를 잃고 도태되고 있기 때문이다. 기술 변화를 이해하는 가장 좋은 방법은 지식을 구하거나 책을 읽기보다는 신제품과 새로운 서비스를 시도하고 직접 체험하는 것이다. 또한 연구 개발뿐 아니라 기하급수적 기술의 변화 트렌드를 이해하고, 기하급수적 기술의 윤리와 도덕 그리고 사회적 변화의 의미를 이해해야 한다.

기하급수적 기술은 기존의 규제와 법률, 사회규범을 빠르게 앞질러 간다. 에어비앤비와 우버 같은 혁신적 파괴자들 때문에 지역사회는 세금과 노동분쟁이 발생한다. 그래도 이런 법적 투쟁은 무인자동차가 나와 식품 산업, 운송 산업을 붕괴시킬 때 직면할 분쟁과 비교하면 아무것도 아니다. 그리고 더 거대한 변화는 유전자 기술로 초래될 변화다. 미래의 리더는 기술 개발로 인한 엄청난 수익과 비용절감만이 아니라 그 기술이 붕괴시킬 사회적, 도덕적 변화에 미리 대비해야 한다.

지속 가능한 세상을 만드는 인도주의자

기하급수적 시대의 리더를 위한 마지막 자질은 바로 인도주의적 자세다. 미래학자, 혁신가, 과학자로서 인간의 삶과 사회 전체를 개선하려는 리더는 기업의 사회적 책임 활동의 일환으로가 아니라 거대한 사회 변화 속에서 사명감을 갖고 선행을 해야 한다.

인도주의적 리더는 기술 발전으로 긍정적인 사회 변화를 가져오며 더 좋은 사회 변화를 창출하는 사업을 구축한다. 성공하는 기업은 사회적, 환경적 성과뿐 아니라 책임성과 투명성에 대한 엄격한 기준을 충족시켜 사회적으로 인증 받은 영리기업이다. 이런 기업은 긍정적인 문화와 의미 있는 작업 환경 조성, 인도적 정책에 투자하며 직원과 파트너가 되어 서로 발전하는 직장을 만든다.

기술은 점차 발전하고 새로운 비즈니스 모델과 성장 기회를 창출해 지속 가능한 세상을 만들고 경제를 발전시킬 것이다. 미래의 기하급수적 시대를 이끌 리더는 이런 기술 발전에 힘입어 더 나은 변화와 개선을 위한 사업을 만들어야 한다. 그 예로 구글을 들 수 있다. 구글은 프로젝트 룬Project Loon으로 시골과 저개발 지역 모든 곳에 초고속 인터넷과 와이파이를 연결시키고 있으며, 자연재해 발생 지역에 의료용품을 조달하는 마이크로 드론을 개발하고 있다.

스스로 변화하는 리더가 되라

미래학자, 혁신가, 과학자, 인도주의자의 역할은 서로 연결되고 강화된다. 이 네 가지 자질을 갖춘 기하급수적 리더가 필요한 세상이 왔다. 이들은 변화하는 세상에서 숨겨진 가치를 상상하고, 창조하고, 포착하고, 확장한다. 기하급수적 리더십은 새로운 기술을 습득하고 변화를 예측하는 미래학자가 되고, 조직과 공동체 그리고 세계를 위해 긍정적인 문화를 만드는 인도주의자가 되며, 생산적인 미래로 나아가는 능동적인 혁신가와 과학자가 되는 것이다.

토머스 프레이|Thomas Frey

다빈치 연구소 소장. 구글이 선정한 미래학 분야 최고의 석학이자 '미래학의 아버지'로 불린다. 사우스다코타 주립대학교와 로레타 하이츠 칼리지를 졸업했으며 미국 IBM에서 엔지니어와 디자이너로 근무하면서 270여 차례 상을 받았다. 또한 미국 최고 IQ 소유자 클럽인 트리플 나인 소사이어티 Triple Nine Society의 회원이기도 하다. 그가 작성한 미래보고서는 부지런한 연구와 탁월한 직관을 바탕으로 쓰였다는 평가를 받고 있으며 미 항공우주국, 휴렛 팩커드 등 미국의 유명 기관과 기업 정책에 많은 영향을 끼쳤다.

Q1 가까운 미래에 일터와 고용 시장을 변화시키는 커다란 추세는 무엇입니까?

가장 중요한 추세는 바로 인터넷입니다. 매우 정교한 커뮤니케이션 도구를 통해 우리는 과거보다 훨씬 더 정확한 방법으로 기업의 수요와 개인의 재능을 일치시킬 수 있습니다. 이제는 사람들을 정규직으로 고용하기보다 기업의 요구에 따라 월, 일, 시간 단위로 고용할 수 있죠. 이런 경향으로 이미 세계는 프리랜스 사회로 변화했습니다. 일자리의 36퍼센트 정도가 프리랜서로 채워졌고 이 숫자는 2020년까지 40퍼센트, 일부는 50퍼센트에 이를 것입니다.

Q2 미래가 프리랜스 경제로 변하면 고용주에게는 어떤 영향을 미칠까요? 그리고 리크루터가 하는 일에는 어떤 영향을 미칠까요?

2030년까지 20억 개의 일자리가 사라집니다. 이 말은 20억 명의 사람들이 일자리를 잃게 된다는 말이 아니라 역사상 그 어느 때보다 빠른 속도로 기존의 직업이 새로운 직업으로 전환되고 있다는 것을 뜻합니다. 따라서 우리는 새로운 시스템을 만들어야 합니다. 첫 번째로 이야기할 수 있는 것은 공동 작업 공간에서 '프로젝트 거주지'로 이전하는 것입니다. 프로젝트 거주지란 수많은 프로젝트 관리자들이 프로젝트를 가져와서 특정 공간에서 거주하거나 관련된 재능을 가진 사람들에게 업무를 위임하는 확장된 공동 작업 공간입니다. 미래에는 리크루터들, 고용 전문가들이 프리랜서와 기업 국가 또는 기업 식민지, 프로젝트 매니저와 프로젝트를 매치시키는 일을 전문으로 하게 될 것입니다.

Q3 기술이 리크루터의 일을 대체하는 것이 가능할까요?

리크루트 업무의 일부분을 자동화하는 것은 가능하지만 비즈니스 세계에서 일어나는 일의 상당 부분은 인간의 상호작용을 기반으로 합니다. 우리는 원하는 것을 알고 있지만 이를 설명할 방법을 모릅니다. 올바른 질문을 모릅니다. 따라서 올바른 질문을 이끌어 낼 사람이 필요해지죠. 고용주는 재능을 가진 사람을 찾게 되고 이 때문에 리크루팅을 자동화하는 것은 매우 어렵습니다.

Q4 사회적, 기술적 변화에 맞춰 고용주는 어떤 준비를 해야 할까요?

우리가 필요로 하는 기술은 급속하게 변하고 있습니다. 예를 들면 페이스북이 2014년 오큘러스 리프트를 인수했을 때 가상현실 기술을 보유한 사람들이 급히 필요했습니다. 하지만 가상현실을 교육하는 곳이 없었죠. 아무도 이런 기술을 가르치고 있지 않았습니다. 전통적인 대학교들은 새로운 기술 영역을 가르치기 위해 교수들을 모집하고 커리큘럼을 만들고 학생들을 모집하는, 평균 6~7년이 소요되는 파이프라인이 있습니다. 하지만 신기술은 어느 날 갑자기 큰 수요가 발생하기 때문에 재능 개발에 보다 신속한 대응을 할 수 있는 시스템이 필요합니다. 그러려면 우선 전형적인 고용 계획을 없애야 합니다. 중요한 목표는 여전히 필요하며 상황에 맞게 TF팀을 구축하는 것이 그다음으로 중요한 일이 될 것입니다. 큰 변화가 일어날 때마다 상황실 내에 팀을 구성하고 문제를 해결하도록 해야 합니다. 상황이 너무 빨리 변하면 어떤 분야가 기업에 영향을 미치는지도 모르기 때문이죠.

Q5 기술의 급속한 발전으로 전통적인 교육 시스템도 바뀌어야 한다는 말인가요? 바뀐다면 어떻게 바뀌어야 할까요?

현재 많은 직업들의 요구 사항인 4년제 학위는 1800년대 초반에 만들어진 것입니다. 당시에는 교육이 아니고서는 얻을 수 있는 정보가 부족해서 광범위한 주제를 공부하는 게 합당했죠. 하지만 오늘날 사람들은 하루에 12시간을 정보를 소비하는 데 씁니다. 그렇다면 4년이라는 긴 시간과 많은 돈이 들어가는 대학에서 광범위한 학습을 받는 것이 여전히 필요할까요? 기회비용이 너무나 큽니다. 만일 학습 내용의 광범위함을 제거한다면 2년이 줄어들 수 있습니다. 또한 도중에 새로운 기술을 배우는 데는 3개월짜리 마이크로 학위도 가능합니다.

앞으로는 새로운 기술이 등장하면서 해당 기술을 3개월간 신속하게 가르치는 수많은 마이크로 칼리지들이 등장합니다. 이것이 고용주의 수요에 보다 신속하게 대응할 수 있는 방법이죠. 2030년이 되면 사람들은 일생 동안 여섯 번 정도 직업을 바꾸게 됩니다. 이렇게 직업을 자주 바꾼다면 1,000시간 정도의 학습으로 마이크로 학위를 부여하는 마이크로 칼리지가 보다 효율적인 시스템이 되죠. 이것이 바로 다빈치 연구소의 다빈치 코더스가 취하고 있는 방식입니다. 자격증에 대해 세분화된 접근 방법은 리크루터 입장에서도 도움이 됩니다. 이력서에 기록된 4개의 마이크로 학위는 MIT 같은 최고 수준의 학교 학위보다도 그 사람에 대해 더 많은 것을 알려 주기 때문입니다.

Q6 사회적, 인구통계학적 변화가 채용 환경에는 어떤 영향을 미칠까요?

현재 수많은 인구통계학적 변화가 일어나고 있습니다. 오늘날 전 세계에서 태어나는 아기의 절반은 아프리카에서 태어납니다. 나머지 세계에서는 아이들이 줄어들지만 더 오래 살게 됩니다. 일본은 매년 약 3만 명이 100세 생일을 맞는다고 합니다. 그리고 사람들은 더 오래 일하게 됩니다. 65세에 은퇴해서 그냥 앉아 지내는 것을 원하지 않습니다. 그럼 무엇을 할까요? 2050년까지 80세 이상의 인구는 지금의 세 배가 됩니다. 노인들을 전문 분야별로 뽑는 리크루터가 생기고 우리가 아직 생각지 못한 새로운 고용 시장이 열리게 됩니다.

Q7 미래를 대비하기 위해 고용주들이 지금 해야 할 일은 무엇일까요?

무엇보다 공동 작업 환경에 직원들을 배치해야 합니다. 여기에는 엄청난 이점이 있습니다. 대부분의 기업들은 2년 이후의 비즈니스 환경을 확신하지 못하죠. 따라서 월 단위의 공동 작업 옵션이 도움이 됩니다. 공동 작업 환경에서 일하게 되면 다양한 유형의 사람들이 서로 긍정적으로 충돌하고 서로 배울 수 있기 때문에 엄청난 양의 학습이 이뤄집니다. 미래에는 공동 작업 환경 경험을 가진 사람이 최대 수요자, 즉 세계에서 최첨단을 걷게 되는 시대가 됩니다.

제4장

미래의 잠재력을 전망하다

디지털 시대 리더를 위한 미래 예측 가이드

01
성장을 가속화하는
인도의 미래

자유화가 가져온 다섯 가지 기회

25년 전 인도는 글로벌화와 시장의 영향력에 문을 열고 경제 자유화의 여정을 시작했다. 1991년에 도입된 투자와 무역 체제는 인도의 경제성장과 동시에 소비자들을 위한 선택의 폭을 넓히고 빈곤을 크게 줄이는 성과를 거뒀다.

오늘날 불확실성이 글로벌 경제에 먹구름을 드리우고 있는 시기에 국제통화기금 IMF은 2016~2017년에 인도의 GDP가 7.4퍼센트 성장해

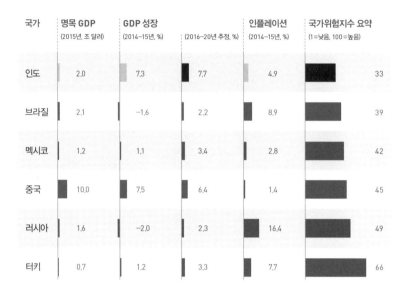

<신흥 시장국가들의 성장 잠재력>

국가	명목 GDP (2015년, 조 달러)	GDP 성장 (2014-15년, %)	(2016-20년 추정, %)	인플레이션 (2014-15년, %)	국가위험지수 요약 (1=낮음, 100=높음)
인도	2.0	7.3	7.7	4.9	33
브라질	2.1	−1.6	2.2	8.9	39
멕시코	1.2	1.1	3.4	2.8	42
중국	10.0	7.5	6.4	1.4	45
러시아	1.6	−2.0	2.3	16.4	49
터키	0.7	1.2	3.3	7.7	66

출처: 이코노미스트 인텔리전스 유닛, IHS, 맥킨지 글로벌 연구소

세계에서 가장 빨리 성장하는 경제대국이 될 것으로 추정했다. 또한 인도는 성장 잠재력에서 브라질, 멕시코, 러시아 등 다른 신흥국가들과 비교했을 때 우위를 점하고 있다. 예상에 따르면 2025년까지 세 배 이상 증가하는 소비 계층에 힘입어 인도의 미래는 장기적으로 매력적일 것으로 기대된다.

인도에서 자유화는 새로운 기회들을 창출했다. 정책 입안자들의 과제는 성장을 관리해서 지속 가능한 경제 성과를 얻기 위한 기반을 구축하는 것이다. 지금까지의 성과도 많았지만, 인도가 글로벌한 경제

세력이 되려면 몇 가지 해결해야 할 선행 과제가 남아 있다. 일단 모든 국민이 완전한 혜택을 누릴 수 있어야 한다. 관료적 형식주의 때문에 사업하기가 여전히 어려운 점도 문제다. 뿐만 아니라 물이나 위생, 에너지, 헬스케어 같은 기본적인 서비스가 광범위하게 적용되지 못하고 있다. 인도 정부는 이런 과제들 중 많은 부분을 해결하기 시작했고 일부 사업은 규모가 확대되면서 몇 년 안에 변화가 가속화될 것으로 보인다.

인도의 미래는 흥미롭다. 인도는 받아들일 수 있는 수준으로 삶의 질을 높이고 도시 인프라를 개선하며 여성의 잠재력을 활용하는 방법을 통해 지속 가능한 경제적 여건을 만들어 낼 수 있다. 맥킨지 연구소에 따르면 다섯 가지 영역에서 인도 경제의 판도를 바꿀 만한 기회와 트렌드가 있다. 인도 기업뿐 아니라 외국 기업도 이런 기회를 인식하고 어떻게 활용할지 고민해야 한다.

빈곤 해결에서 삶의 질을 개선하는 방향으로

경제 자유화의 낙수 효과trickle-down effect는 지난 20년간 수백만 명의 인도인들을 극빈한 상태에서 벗어나게 했다. 공식적인 빈곤율은 1994년의 45퍼센트에서 2012년에는 22퍼센트로 감소했지만 이 통계는 가장 암울한 상황만을 조사한 것이다. 영양, 물, 위생, 에너지, 주거, 교육, 헬스케어 분야에 걸쳐 최소한의 삶의 질을 더 넓은 척도에서 조사한 결과에 따르면 현재 인도는 기본적인 수준도 확보하지 못한 사

람들이 56퍼센트에 이른다.(2012년 통계 기준)

인도는 가장 먼저 이런 격차를 해결할 필요가 있다. 분명 이 과제를 해결할 수 있는 역량이 있지만 무엇보다 정책 입안자들이 일자리 창출, 성장 위주의 투자, 농장 분야 생산성, 실제로 도움이 필요한 사람을 돕는 혁신적인 사회 복지 프로그램 등을 강조하는 안건들을 추진해야 한다. 민간 부분도 효과적인 기본 서비스를 창출하는 일과 제공하는 일 모두에서 중요한 역할을 맡아야 한다.

지속 가능한 성장을 위한 도시화

맥킨지 연구소는 인도에서 인구 100만 명이 넘는 도시가 2025년에는 69곳이 될 것으로 추정한다. 경제는 이 도시들을 중심으로 성장하고 가장 큰 규모의 인프라 구축도 여기서 이뤄질 것이다. 앞으로 인도 도시들의 생산량은 필리핀, 베트남, 모로코 등 중간 수준의 국가들에 있는 도시의 생산량과 유사해진다. 예를 들어 소비가 2,450억 달러에 이르는 매머드급 시장을 가진 뭄바이의 경제는 2030년에는 현재 말레이시아의 경제보다 더 커진다. 시장 규모에서 그다음 순위 4개 도시(벵갈루루, 하이데라바드, 아마다바드, 델리)의 연간 소비 규모는 2030년에 각각 800억 달러에서 1,750억 달러까지 증가한다.

지속 가능한 성장을 달성하려면 이들 도시는 깨끗한 공기와 물, 안정적인 공공시설, 광범위한 녹지 공간 등을 제공하는 좀 더 살 만한 장소가 돼야 한다. 인도의 도시화는 도시 소비자들이 원하는 상품과 서비스만이 아니라 자본과 기술, 플래닝 노하우를 제공할 수 있는 국내 및 국외 기업들에게 엄청난 기회를 의미한다.

인도에서 이뤄지는, 인도를 위한 제조

제조 부문에서 중국에 뒤지기는 했지만 인도에는 가치를 창출하는 사업에 투자하고 일자리를 만들어 낼 수 있는 상당한 기회가 존재한다. 잠재적인 투자자들에게 인도가 보여 주는 매력은 단순히 저가 노동 이상이다. 인도의 제조업체들은 성장하고 있는 큰 규모의 현지 시장을 두드릴 수 있으며 경쟁력 있는 사업을 운영하고 있다. 개혁이 더 진전되고 공적 인프라 투자가 이뤄질 경우 외국 기업이건 인도 기업이건 관계없이 모든 유형의 제조 기업에서 규모의 경제와 효율성을 달성하기가 쉬워진다.

디지털 기술의 혜택

인도에 도입되는 강력한 디지털 기술은 생산성을 높일 뿐 아니라 경제의 주요 분야에 걸쳐 효율성을 개선하고 교육이나 헬스케어 같은 서비스를 급진적으로 바꿔 놓으면서 혜택을 제공한다. 맥킨지 연구소에 따르면 이들 기술은 2025년에는 연간 5,500억 달러에서 1조 달러의 경제적 가치를 추가한다. 또한 보수가 좋고 생산적인 일자리 수백만 개를 만들어 낼 잠재력이 있으며 이로써 수백만 명의 인도인들이 양호한 수준의 삶을 누릴 수 있게 된다.

인도 여성의 잠재력

연구에 따르면 현재 인도에서 여성이 GDP에 기여하는 바는 17퍼센트밖에 되지 않는다. 그리고 전 세계 노동력의 40퍼센트가 여성인데 비해 인도는 그 비율이 24퍼센트밖에 되지 않는다. 향후 10년 동안 여성들은 인도에서 가장 큰 잠재적 경제 세력으로 부상한다. 만일 인도가 성 평등을 향해 선진국 수준의 속도로 나아간다면 2025년에는 GDP가 7,000억 달러 더 늘어날 것으로 추정된다. 이미 교육과 금융, 디지털 부문에서 성별 격차를 좁히기 위한 움직임이 시작됐지만 더 많이 진보될 여지가 있다.

경제성장과 디지털화가 함께 가는 시장

앞에서 언급한 다섯 가지 기회를 활용하기 위해 인도 정부는 투자 환경을 개선하고 일자리 창출을 가속화하려고 노력하고 있다. 세계경제포럼의 글로벌 경쟁력 보고서에서 2014년에는 71위였던 인도의 순위가 2015~2016년에는 55위로 상승했다.

또한 관료들은 정부를 좀 더 효율적으로 만들기 위해 노력하고 있다. 그들은 발전을 가로막는 가장 큰 장애물인 취약한 인프라를 기술을 통해 뛰어넘으려 한다. 일례로 10억 명의 인도 시민들은 이제 전 세계에서 가장 큰 디지털 신분 확인 프로그램이자 가난한 사람들에게 직접적으로 혜택을 제공할 수 있는 강력한 플랫폼인 아드하르Aadhaar에 등록돼 있다.

인도가 가진 잠재력을 실현하려면 국가, 주, 지역 리더들이 서비스 제공과 거버넌스에 접근하는 새로운 방식을 도입해야 한다. 사람들의 열망에 부응하려면 이들은 새로운 역량을 확보해야 한다. 민간 부문 방식의 조달과 공급사슬 전문성, 인프라 투자의 포트폴리오를 계획할 수 있는 심오한 기술 역량, 대규모 자본이 들어간 프로젝트를 정해진 시간과 예산 내에서 끝낼 수 있는 강력한 관리 역량 등이 필요하다. 그리고 직원들이 디지털 기술을 활용해 프로세스를 자동화 및 재설계하고, 빅데이터와 진보된 애널리틱스를 관리하며, 온라인 접속이 가능한 플랫폼, 포털, 메시징과 결제 플랫폼을 통해 시민들 간의 상호작용을 개선하기 위해서는 교육이 필요하다.

인도 정부는 품질 우선의 조달 정책을 도입하고 민간 부문에서 파견을 활용해 이런 역량들을 확보할 수 있다. 기업들의 입장에서 볼 때 인도는 상당한 규모의 시장이지만 그래뉼러granular 전략(그래뉼러는 '과립, 알갱이'라는 뜻으로 집중된 형태가 아닌 과립처럼 분산된 형태의 전략을 의미한다)과 현지 중심의 운영 모델이 요구된다.

통계와 연구만으로 인도에서 일어나고 있는 모든 변화를 포착할 순 없을 것이다. 하지만 중요한 것은 현재의 트렌드를 읽고자 하는 노력이다. 외국 기업과 인도 기업들은 그들의 전략이 이 트렌드들에 의해 어떤 영향을 받을지 고려해야 한다. 정책 입안자들은 모든 이해관계자가 이 트렌드를 활용하도록 돕는 데 중점을 둬야 한다. 어떤 의미에서건 이 과제는 쉽지 않겠지만 성공할 경우 인도 경제에 역사적인 촉진제가 될 것이다.

02
인구학적 변화가 그리는
새로운 경제지도

인구 하강의 시대

전 세계적으로 경제성장을 쉽게 이룰 수 있었던 시절은 끝났다. 이제는 고령화, 출산율 감소로 인한 인구 변화와 이민 등의 인구 이동에 어떻게 대응하느냐가 각국의 번영에 영향을 미친다.

오늘날 세계는 인구학적으로 어려운 도전에 직면해 있다. 과거에는 대부분 출생률이 높았고, 농촌에서 도시로 대규모 인구가 이동해 생산성이 증가하고 경제가 성장했다. 하지만 성장의 원천이었던 출생률과 인구 이동 두 가지 모두가 이제는 감소하고 있다. 세계 인구는 출산율 하락과 고령화로 증가하는 속도가 점점 느려지고 있다. 농촌에서 도시로의 인구 이동은 자연스럽게 줄어들고 있으며 많은 지역에서 정체된 상태다. 이런 새로운 현실에 어떻게 적응할지는 경제적 성장만이 아니라 성장을 지속하기 위해 도시의 확장에 계속 의존할 국가들을 위해서도 중요하다.

인구 성장이 느려지고 도시화가 정체 상태에 도달했다는 두 가지 충격 때문에 2000~2015년 전 세계 대도시의 6퍼센트에서 인구가 감소했다. 여기에는 선진국의 비중이 가장 높았다. 맥킨지 연구소에 따르면 2025년까지 선진국 대도시의 17퍼센트와 전 세계 대도시의 8퍼센트에서 인구가 줄어들 것으로 예상된다. 캐나다와 미국의 도시 인구는 1950~1970년에 2.2퍼센트의 연평균성장률을 보이며 성장했으나 2010~2015년에는 이 비율이 겨우 1퍼센트였다. 이 비율은 2025년까지는 유지되겠지만 이후에는 더욱 떨어져서 2025~2035년에는 0.8퍼센트가 된다. 이런 도시 인구 감소 현상은 선진국에서 더 빨리 이뤄지고 있기는 하지만 신흥국에도 영향을 미친다.

이처럼 전 세계 인구 성장의 정체 또는 하락 현상은 이제까지 지속돼 온 경제적 성장이 더 이상 이어지지 않을 것이며, 지금이 기존의 역사에서 벗어나는 분기점이라는 사실을 보여 준다. 사실 생산연령인구가 도시와 국가의 성장에 커다란 원동력이 되었던 과거 50년은 인구통계학적 관점에서 볼 때 매우 예외적이었다. 새로운 인구학적 시대에는 굳건한 확장세를 보이는 소규모 지역들과 인구가 정체되거나 감소하는 지역이 함께 존재하는 훨씬 더 분할된 도시 풍경이 나타난다. 각국가들은 현지 출생 및 사망률, 순 국내 유입, 순 국제 유입(이민 등)으로 특징지어지는 매우 다른 인구통계학적 발자취와 역동성을 보이게된다.

도시, 성장에서 웰빙으로

전 세계적인 인구 감소 현상은 특히 도시에서 더 부각된다. 일본과 미국, 서유럽을 대상으로 세계 도시 인구의 변화를 비교한 맥킨지 연구소의 보고에 따르면 도시의 인구는 현재 상태를 유지하거나 하락할 것으로 예상된다. 그중 일본의 상황은 가장 심각해서, 1990~2015년까지 도시 인구 성장률은 0.9퍼센트였는데 2010~2015년에는 0.6퍼센트밖에 되지 않았다. 그리고 앞으로도 지금 상태를 유지할 것으로 예측된다.

일본의 대부분 주변 도시들은 노화하고 있으며 인구 성장이 느려지거나 마이너스를 기록하고 있다. 하지만 일부 도시 허브는 계속해서 성장하고 있다. 나고야와 도쿄의 인구는 주로 국내에서 이주하는 인구 유입을 반영하며 여전히 증가하고 있다. 반면 삿포로는 자체 성장률도 마이너스였으며 국내에서 이주하는 인구 유입이 상대적으로 낮아 인구 성장도 느려졌다. 2012~2015년 일본 도시의 약 40퍼센트가 인구 감소 현상을 보였다.

미국의 도시 인구 성장률은 1990~2015년에는 1.3퍼센트였지만 향후 10년간은 1.0퍼센트로 약간 하락할 것으로 예상된다. 미국은 일본이나 서유럽보다는 출산율이 높고 이주 인구의 규모가 더 크다는 점에서 혜택을 보고 있다. 수많은 대도시들과 폭넓게 펼쳐진 중간급 도시들 그리고 많은 '틈새' 도시들이 있는 미국의 도시 구성은 일본이나 서유럽보다 훨씬 더 다양하고 역동적이다. 특히 노스캐롤라이나 주의 롤리와 텍사스 주의 휴스턴은 출생 및 사망률, 순 국내 유입, 순 국제 유입의 세 가지 요인 모두가 높은 편으로 도시의 인구 성장을 이끌고 있다. 반대로 펜실베이니아 주의 피츠버그나 오하이오 주의 클리블랜드는 인구가 정체되거나 심지어 줄어들고 있어 이들 도시의 비전을 재고할 필요가 있다.

마지막으로, 서유럽의 도시 인구는 1990~2015년까지 매년 0.7퍼센트 성장했다. 하지만 2025년까지 0.5퍼센트, 2025~2035년 사이에는 0.4퍼센트로 하락이 예상된다. 일본과 미국처럼 서유럽도 불균등하게 노화하고 있으며 미래에는 더 불균형한 도시 구성을 이룰 것이다. 베를린, 런던, 오슬로, 파리, 스톡홀름 같은 수도에서는 모두 인구가 증가하고 있다. 하지만 많은 도시가 이미 인구 감소를 경험하고 있고 여기에는 독일의 도시들(켐니츠, 게라, 자르브뤼켄)과 이탈리아의 도시들(제노바, 베네치아)이 포함된다.

이런 비교 결과를 보면 그간 도시의 성장은 인구 성장이 크게 좌우했지만 이제는 달라졌다는 사실을 알 수 있다. 앞으로는 대부분의 도시에서 생산성 증가 및 시민들의 수입이 그 도시의 번영을 좌우한다. 도시의 경제적 성공은 그 도시의 GDP 성장으로 단순하게 측정될 수 없다. 1인당 소득과 시민들이 누리는 삶의 질을 높일 수 있는 도시는 인구 성장이 느려지거나 하락하더라도 번영할 수 있기 때문이다. 이는 많은 도시에서 관심이 확장 위주의 성장에서 도시민들의 웰빙으로 이동하고 있음을 의미한다. 인구에 대한 압박이 커지는 시대를 맞아 각 국가와 도시들이 시민을 유지하고 끌어들이기 위해 서로 경쟁하는 만큼 이런 현상은 매우 중요하게 고려돼야 할 요소다.

이민이 세계시장에 가져올 혜택

인구 감소 현상과 더불어 전 세계적으로 실업과 불완전고용이 심각한 문제로 대두되고 있다. 연구에 따르면 미국과 15개 EU 국가들의 경우 노동인구에 포함되지 않는 성인이 2억 8,500만 명에 이른다.

많은 고용주들은 그들이 원하는 기술을 가진 근로자가 부족하다고 말한다. 9개국에서 청년과 고용주들을 대상으로 실시한 설문 조사에 따르면 고용주의 40퍼센트는 신입 수준의 일자리가 채워지지 않는 주된 이유로 기술 부족을 꼽았다. 이들 중 60퍼센트는 새로운 졸업생들이 실질적인 업무를 위한 적절한 준비가 부족하다고 말했다. STEM(과학Science, 기술Technology, 공학Engineering, 수학Mathmatics 등 이공 계열 전공) 관련 학위와 같은 기술적 능력에도 격차가 존재했지만 커뮤니케이션, 팀워크, 시간 엄수 같은 업무 태도에도 격차가 있었다. 어쩌면 현재 일을 하고 있는 사람들도 자신의 잠재력을 제대로 발휘하지 못하고 있을지도 모른다. 링크드인에서 취업 희망자를 대상으로 실시한 글로벌 설문 조사에서 37퍼센트의 응답자는 현재 직업에서 자신의 기술을 충분히 활용하지 못하고 있거나 충분한 자극을 받지 못하고 있다고 말했다.

이런 불일치는 일부 지역적 요인으로 발생한다. 일에 대한 수요가 있는 지역이 적합한 자격을 갖춘 근로자를 발견할 수 있는 지역과 항상 일치하는 것은 아니다. 이런 지리적 불일치는 한 국가 내 여러 지역이나 여러 국가들 사이에서 찾아볼 수 있다.

만일 다른 국가에서 기술 격차를 적절하게 메우지 못하고 있는데 현재 살고 있는 나라에서 매력적인 기회를 찾기가 어렵다면 국경을 넘는 이민이 해결 방안이 될 수 있다. 맥킨지 연구소에 따르면 2015년 기준으로 자신이 태어난 국가가 아닌 곳에 살고 있는 사람들은 약 2억 4,700만 명에 이르는 것으로 보고되었다. 지난 50년 사이에 거의 세 배 증가한 숫자다. 이민한 사람들 대부분이 더 좋은 일자리를 찾기 위해 이동하는 경우였다. 90퍼센트 이상이 자발적으로 이동했으며 절반 정도가 개발도상국에서 선진국으로 옮겨 갔다. 그 결과 2000~2014년 사이에 캐나다, 스페인, 영국, 미국은 이민으로 노동인구가 약 40퍼센트 증가했다.

통계에 따르면 이민한 근로자들은 전 세계 생산 중 약 6.7조 달러, 전 세계 GDP의 9.4퍼센트를 담당했다. 하지만 이들은 그 나라에서 태어난 비슷한 상황의 근로자들보다 평균 20~30퍼센트 더 낮은 임금을 받았다. 만일 이민자들과 현지인의 격차를 줄이고 사회적, 문화적으로 통합시킬 수 있는 접근 방법이 있다면 이는 국가와 개인 모두에게 혜택을 제공할 뿐 아니라 전 세계적으로 최고 1조 달러까지 경제적 이익을 늘릴 수 있는 기반을 구축할 수 있다.

이민은 글로벌 생산성을 촉진시킨다. 하지만 노동 시장을 단절시킬 수 있다. 그리고 보수가 좋은 일자리들의 부족 현상을 맞아야 하는 현지의 근로자들은 종종 이민이 가져오는 결과를 두려워한다.

이민 효과를 누리기 위한 사회 통합

사실 이민은 많은 국가들에서 논쟁의 화약고가 되곤 했다. 하지만 전 세계적인 인구 감소와 치솟는 실업률을 고려하면 이민은 의미 있는 경제적 혜택을 가져온다. 그리고 이민자들을 좀 더 효과적으로 사회에 통합시킬 수 있다면 이 혜택은 더 커질 수도 있다. 이민은 점진적으로 서로 연결되고 있는 우리 세계의 핵심 특성이다.

미디어를 보면 난민들이 이민을 대표하는 사람들로 보일 수도 있다. 하지만 전 세계 2억 4,700만 명에 이르는 이민자들의 90퍼센트는 대개 경제적 이유에서 자발적으로 국경을 넘는다. 나머지 10퍼센트만이 분쟁이나 박해를 피해 다른 국가로 몸을 피한 난민이나 망명 신청자들이다. 자발적 이민은 대개 점진적이어서 난민보다 이민한 국가의 사회적 구조에 스트레스를 덜 준다. 대부분의 자발적 이민자들은 생산 가능연령의 성인이며 그들은 이민한 국가에서 활발한 경제 인구의 비율을 높인다.

기존에는 일부 이민자들만이 출신 국가에서 먼 거리까지 이동했다. 대부분의 이민은 이웃 국가로 옮겨 가거나 세계의 같은 지역에 속하는 국가들로 이동했다. 그런데 최근 전 세계 이민자의 약 절반이 개발도상국에서 선진국으로 이동하고 있으며 실제로 이런 유형이 가장 빠르게 증가하고 있다. 전 세계 이민자의 거의 3분의 2 정도가 선진국에 거주하며 그곳에서 이들은 종종 핵심적인 직업의 부족한 부분을 채운다. 2000~2014년 사이에 이민자들은 이민한 국가의 노동력 성장에서 40~80퍼센트를 담당했다.

더 생산성이 높은 환경으로 더 많은 노동력이 이동하면 글로벌 GDP가 성장한다. 기술 이민자들은 혁신이나 기업가정신을 발휘하기도 하고 현지인들이 더 높은 가치의 일을 할 수 있도록 자유를 제공하기도 한다. 실제로 맥킨지 연구소의 조사에 따르면 이민자들은 전 세계 인구의 약 3.4퍼센트밖에 되지 않지만 세계 GDP의 약 10퍼센트를 차지한다. 이들은 2015년 세계 GDP 중 약 6.7조 달러를 담당했는데 이는 그들이 출신 국가에 있었다면 생산했을 금액보다 약 3조 달러가 더 많다. 선진국에서 이런 효과의 90퍼센트 이상이 실현됐다.

또한 선진국에서 이민자 고용률은 현지 근로자들보다 약간 낮지만 이는 기술 수준과 출신 지역에 따라 다르게 나타난다. 학계의 자료에 따르면 이민은 현지 근로자들의 고용이나 임금에 해를 끼치지 않는다. 물론 작은 지역에 대규모 이민자들이 유입되거나 이민자들이 현지 근로자를 대체할 가능성이 큰 경우, 또 이민 지역의 경제가 경기하강을 경험하고 있는 경우에는 단기적으로 부정적인 효과가 나타날 수 있다.

이런 이민 효과를 낼 수 있을지는 이민자들이 그 국가의 노동 시장이나 사회에 얼마나 잘 통합되는가에 전적으로 달려 있다. 현재 이민자들은 현지 근로자들보다 적게 버는 경향이 있는데 이민국들이 교육, 주택, 건강, 커뮤니티 참여 등 다양한 측면에 걸쳐 이민자들을 배려해 임금 격차를 5~10퍼센트 정도까지 좁히면 이들은 전 세계 경제 생산을 연간 8,000억 달러에서 1조 달러까지 늘릴 수 있다. 이와 관련해 전 세계 이민국들의 다양한 이해관계자들이 새로운 접근 방식을 시도하고 있다. 이민자들을 사회에 통합시키는 효과적인 모델을 세우기 위해서는 정부의 정책도 중요하지만 무엇보다 민간 영역이 주도적으로 참여해야 한다. 이런 노력이 있어야만 기업들은 새로운 시장과 인재 풀에 접근할 수 있다.

통합에 성공하느냐, 실패하느냐의 문제는 매우 중요하다. 이는 2세대 이민자들이 생산 잠재력을 발휘해 적극적인 생산에 참여하는 시민이 될지, 아니면 빈곤이라는 덫에 갇힐지에 영향을 미치면서 수년간 반향을 일으킬 수 있다. 새로운 인구학적 시대를 맞아 변화에 어떻게 대응하느냐에 따라 도시와 경제의 수준이 결정된다는 사실을 기억해야 한다.

03
자동화를 받아들이는
리더의 자세

자동화되는 일터

산업혁명 이후 지난 2세기 동안 일터는 끊임없이 변화했다. 하지만 오늘날 기술이 발전하는 속도와 이런 기술이 기존의 일 개념을 파괴하는 정도는 상당 부분 전례가 없을 정도다. 앞으로는 모든 일자리의 약 60퍼센트, 적어도 30퍼센트의 활동은 현재 사용 가능한 기술을 기반으로 자동화된다.

기계들이 진화하면서 인간의 역량과 대등하거나 초월하는 역량을 확보하면 기업들이 자동화 시스템을 도입하는 일이 늘어난다. 하지만 자동화를 해야 할 필요가 있다고 해서 업무 현장이나 일자리의 자동화로 저절로 옮겨 가지는 않는다. 자동화가 사업에 타당한지 아닌지는 분야에 따라 다르며, 자동화 기술이 가진 잠재력은 사업 운영에서 고려해야 할 여러 요소 중 하나에 지나지 않기 때문이다. 또한 자동화를 위한 하드웨어와 소프트웨어 개발 및 설치비용도 고려해야 한다. 그리고 노동의 비용과 관련해 수요와 공급의 역동성을 고려해야 한다. 일을 할 수 있는 근로자가 풍부하고 자동화보다 비용이 상당히 저렴하다면 이 때문에 자동화 채택 속도가 늦어질 수도 있다.

자동화로 결과물의 수준이 높아지고 품질이 좋아지며 오류가 줄어드는 등 노동의 대체 수준을 넘어서는 다른 혜택들도 고려 요인에 포함돼야 한다. 아울러 특정한 환경에서 기계가 수용될 수 있는 정도는 어떤지 제도나 사회적 이슈도 고려해야 한다. 임금이 상대적으로 낮은 지역까지 고려하면 현재 이뤄지는 모든 업무 활동의 50퍼센트까지 자동화되는 데 약 20년 정도가 걸린다.

자동화가 생산과 고용에 미치는 영향

전 세계 기업과 경제에 상당한 혜택을 제공할 자동화는 지금도 계속 진행 중이다. 자동화는 하루아침에 완성되지 않는다. 자동화의 잠재력을 완벽하게 실현하려면 사람과 기술이 손을 잡고 함께 일해야 한다.

최근 로봇공학, 인공지능, 머신 러닝의 발전 양상을 보면 우리는 새로운 자동화 시대의 중요한 전환점에 서 있다. 로봇과 컴퓨터는 일상적인 다양한 노동과 육체 활동을 인간보다 더 저렴하게 잘 수행할 수 있을 뿐 아니라 암묵적 판단, 감정 지각, 심지어 운전같이 자동화되기에는 어렵다고 생각됐던 인지 역량을 포함한 활동도 점차 할 수 있게 됐다. 자동화는 광부와 조경사에서 은행원, 패션 디자이너, 용접 기사, CEO에 이르기까지 모든 사람의 일상적인 업무 활동을 바꿔 놓을 것이다. 하지만 이런 자동화 기술이 작업 현장에서는 얼마나 빨리 현실이 될 수 있을까? 그리고 글로벌 경제에서 고용과 생산성에 어떤 영향을 미칠까?

오늘날 많은 기업들은 업무 활동의 자동화로 오류를 줄이고 품질과 속도를 개선할 수 있게 됐다. 일부는 인간의 역량을 뛰어넘는 결과를 달성함으로써 성과를 개선하기도 했다. 자동화는 업무 활동뿐 아니라 생산성에도 긍정적인 성과를 제공한다. 생산성이 활기를 잃은 경우 자동화를 통해 다시 성장이 촉진됐던 사례가 여럿 있었다. 또한 자동화는 많은 국가들에서 생산연령인구의 비율이 줄어드는 현상의 영향을 상쇄하는 데도 도움을 준다. 맥킨지 연구소에 따르면 자동화는 전 세계 생산성을 매년 0.8퍼센트에서 1.4퍼센트 높일 수 있는 것으로 추정된다.

그러나 자동화는 전체 직업이 아니라 개별 활동에 제한된다. 모든 직업은 다양한 유형의 활동이 있고 자동화를 위한 요건은 그 각각의 활동에 따라 다르다. 현재까지 증명된 기술로 볼 때 '완전한 자동화'가 될 수 있는 직업은 5퍼센트도 되지 않는다. 하지만 거의 모든 직업의 활동 일부는 자동화될 수 있어 '부분적 자동화'가 가능하다. 사람들이 보수를 받고 하는 모든 활동의 약 절반 정도는 현재 증명된 기술을 도입해 자동화될 수 있다. 여기서 절약되는 임금을 추산하면 약 15조 달러에 이른다.

자동화되기가 가장 쉬운 업무 활동들은 데이터 수집과 처리, 고도로 조직화되고 예측 가능한 환경에서 이뤄지는 육체적인 활동이다. 미국에서 이런 활동은 경제활동의 51퍼센트를 차지하고 임금으로는 약 2.7조 달러에 해당한다. 이 활동들은 제조, 숙박, 식음료 서비스, 소매 거래에 많이 존재한다. 하지만 기술 수준이 낮고 임금이 낮은 직업만이 자동화될 수 있는 것은 아니다. 중간 수준의 기술이나 임금과 기술 수준이 높은 직업도 어느 정도 자동화될 수 있다. 개별 활동의 자동화로 업무 프로세스가 개조되면 사람들은 기계가 하는 일을 보완하는 활동을 할 수도 있고 그 반대가 될 수도 있다.

하지만 자동화가 하룻밤 사이에 일어나지는 않는다. 현재의 업무 활동과 관련해 자동화의 효과가 온전히 발휘되는 데는 몇 년이 걸린다. 그런 자동화의 속도가 근로자에게 미치는 영향은 직업, 임금, 숙련도의 수준에서 다양하게 나타날 것이다. 자동화의 속도와 정도를 결정하는 요인으로는 기술 역량의 개발, 기술의 비용, 숙련도 및 수요와 공급의 변동을 반영한 노동과의 경쟁, 노동비용이 절감되거나 이를 넘어서는 성과 혜택 그리고 사회적 수용 및 규제 등이 있다. 현재 존재하는 업무 활동의 반 정도가 2055년까지는 자동화될 것으로 추정된다. 하지만 경제적 조건과 다양한 요인들에 따라 20년 빨리, 아니면 20년 늦게 올 수도 있다.

전체 산업 부문이나 경제적 차원에서는 자동화의 속도가 느릴 수도 있다. 하지만 자신의 업무 활동이 자동화되는 근로자나, 자동화를 도입한 경쟁 기업 때문에 산업 자체가 붕괴된 기업들 입장에서는 상당히 빠르게 느껴질 수도 있다.

자동화에 관한 현재의 논쟁 중 많은 부분이 대규모 실업의 가능성에 초점을 맞추고 있기는 하지만 전 세계 국가들이 갈망하는 1인당 GDP의 성장을 이루려면 사람들은 계속해서 기계와 함께 일을 해야 한다. 그리고 기계에 의해 대체된 사람들은 또 다른 고용 기회를 찾아야 한다. 많은 근로자들이 변해야 하고, 비즈니스 프로세스도 개조돼야 한다.

하지만 자동화가 가져올 노동력 전환의 규모는 20세기 선진국들이 농업에서 기술로 장기적 전환을 이뤘을 때와 유사한 규모라고 보면 된다. 그 전환의 결과는 장기적인 대량 실업이 아니었다. 오히려 새로운 유형의 일자리들이 탄생했다. 노동력은 여전히 인간을 필요로 한다. 전체 생산력의 성장은 사람들이 기계와 나란히 일할 때만 이뤄진다.

결국 사람과 기술 간 새로운 수준의 협력이 이뤄지면서 작업 현장이 근본적으로 바뀌게 된다.

자동화는 일의 미래를 어떻게 바꾸는가

육체노동과 지식노동이 자동화되면서 많은 직업들이 사라지지는 않지만 재규정되고 있다. 공항만 봐도 그렇다. 지금은 자동화된 체크인 키오스크가 수많은 항공사의 발권대를 장악하고 있다. 수많은 비행에서 조종사가 비행기를 직접 조종하는 시간은 채 10분도 되지 않는다. 여정의 나머지 시간은 오토파일럿이 인도한다. 일부 공항들은 도착하는 승객들을 관찰하는 일보다 서류의 바코드를 스캔하는 데 더 중점을 두고 있다.

경제의 서로 다른 분야에 걸쳐 수없이 증식하는 이런 자동화 현상은 우리의 일과 삶에 어떤 영향을 미칠까? 생산성의 광범위한 개선과 지루한 업무로부터의 자유, 삶의 질이 개선되는 미래를 고대해도 될까? 아니면 일자리에 대한 위협과 조직의 파괴, 사회 구조에 얼룩이 생기는 것을 두려워해야 할까?

맥킨지 연구소는 일의 미래에 자동화 기술이 미칠 영향을 조사하기 위해 2015년부터 관련 연구를 시작했다. 이에 따르면 무엇보다 직업에 가장 먼저 초점을 맞춰서는 안 된다. 중기적으로나 단기적으로도 완전히 자동화될 직업은 거의 없다. 차라리 일부 활동들이 자동화될 가능성이 많다. 이는 전체 비즈니스 프로세스가 개조돼야 한다는 사실을 의미한다. 아울러 ATM 기계의 등장으로 은행 창구 직원들의 업무가 재규정된 것처럼 사람들이 수행하는 업무를 재규정해야 한다.

사회적 통념에 따르면 기술과 임금 수준이 낮은 현장직이 가장 먼저 자동화될 것이라고 생각하기 쉽다. 하지만 가장 임금을 많이 받는 직업(예를 들어 재무설계사, 내과의사, 선임 임원 등)도 수행하는 업무의 상당 부분을 자동화할 수 있다. 일례로 CEO의 근무시간에서 20퍼센트 이상을 할애해야 하는 일들은 현재의 기술을 이용해 자동화될 수 있다. 예를 들면 기업 운영 의사결정에 필요한 정보를 얻기 위해 보고서와 데이터를 분석하고, 직원 업무 배정을 준비하고, 현황 보고서를 검토하는 일 등이다. 반대로 임금이 적은 직업들 중에도 가정 의료 도우미, 조경사, 유지보수 관리 담당자 등 오늘날의 기술로 자동화될 수 있는 업무의 비중이 아주 적은 경우도 많다.

맥킨지 연구소는 어떤 업무 역량이 자동화될 수 있는지에 대한 연구를 진행했는데, 결과에 따르면 업무 활동의 45퍼센트는 이미 증명된 기술을 활용해 자동화될 수 있다. 자연어를 처리하고 이해하는 기술이 인간이 내는 성과의 중간 수준에 도달하면 미국 내에서 13퍼센트의 업무 활동이 추가로 자동화될 수 있다.

이와 같은 규모는 인공지능이나 머신 러닝 같은 자동화 기술이 진보하면서 무엇이 자동화될 수 있는지에 대한 우리의 소극적인 가정을 뒤엎는다. 오로지 반복적이고 코딩이 가능한 활동만이 자동화의 대상이 되며 구체적인 과제로 표현하기 어려운 암묵적인 지식이나 경험을 요구하는 활동은 자동화되지 않는다는 이야기는 더 이상 사실이 아니다. 직업을 구성하는 활동 중에서 자동화될 수 있는 비중이 30퍼센트 이상인 직업은 약 60퍼센트다. 즉, 자동화는 대부분의 직업을 적어도 일정 수준까지는 바꿔 놓을 가능성이 있다. 이는 중대한 직업을 재규정하고 비즈니스 프로세스를 개조할 필요성을 제기한다. 예를 들어 주택 모기지 대출 담당자라면 자동화를 도입해 기계적인 서류 작업을 점검하고 처리하는 데 보내는 시간을 훨씬 줄이고 예외 사항을 검토하는 데 시간을 더 많이 보낼 것이다. 그렇게 되면 더 많은 대출을 처리할 수 있고 고객에게 조언하는 데 시간을 더 많이 쓸 수 있게 된다. 또한 수많은 건강 문제의 분석이 자동화되는 세상이 오면 가장 흔한 문제를 처리할 때 정확성이 개선될 것이다. 응급실에서 부상자 분류 작업과 진단 작업이 통합되면 의사들은 가장 긴급하거나 특이한 케이스에 집중할 수 있다.

　이렇게 역할과 프로세스가 재규정되면서 자동화의 경제적 혜택은 노동비용 절감을 훨씬 넘어서는 수준으로 확대된다. 특히 임금이 높은 직업에서는 기계들이 인간의 역량을 높은 수준으로 끌어올릴 수 있으며 직원들이 가치가 높은 업무에 자유롭게 집중할 수 있도록 해서 전문성을 높여 준다. 변호사들은 이미 텍스트마이닝 기술을 활용해 증거개시절차에서 수집한 수천 건의 문서를 읽거나 법률 보조원이 심도 있는 검토를 해야 할 가장 관련성이 높은 문서를 찾아내고 있다. 이와 유사하게 영업 부문에서도 기회를 창출하거나 교차 판매cross-selling 또는 연쇄 판매upselling를 위한 기회를 식별하는 데 자동화를 활용한다. 그러면 현장에서 뛰는 영업직원들은 고객과 상호작용하고 제품과 서비스의 품질을 개선하는 데 시간을 더 많이 투자할 수 있다.

창의적인 미래는 인간이 만든다

무엇보다 자동화하기가 힘든 역량은 창의성일 것이다. 하지만 실제로 근로자들이 창의성이 필요한 업무를 하는 시간은 놀랄 만큼 적다. 미국 경제 전체에서 4퍼센트의 업무 활동만이 중간 정도 수준의 창의성을 요구한다. 이와 유사하게 29퍼센트의 업무 활동만이 중간 정도 수준으로 감정을 지각할 것을 요구한다. 이는 일과 관련해 우리의 빈곤한 삶을 반영하기에 비탄할 만한 일일 수 있지만, 한편으로는 앞으로 의미 있는 일을 더 많이 만들어 낼 수 있는 잠재력이 있다는 것이기도 하다.

자동화가 반복적이고 일상적인 과제를 점점 더 많이 대체하고 직원들이 창의성과 감정을 활용하는 과제에 더 많이 집중하게 되면 의미 있는 일을 더 많이 창출할 것이다. 예를 들어 금융자문사는 고객의 재무 상황을 분석하는 데 드는 시간이 더 줄어들고, 고객의 니즈를 이해하고 창의적인 옵션을 설명하는 시간이 더 길어질 수도 있다. 인테리어 디자이너는 치수를 측정하거나 일러스트레이션을 개발하고 재료를 주문하는 데 시간을 적게 쓰고, 고객의 희망에 근거한 혁신적인 디자인 개념을 개발하는 데 시간을 더 많이 쓸 수 있다.

이는 자동화가 직업 자체를 바꾼다기보다는 업무의 활동을 변화시킬 수 있음을 강조한다. 하지만 그렇다고 해서 우리가 이해하고 대응해야 하는 시급한 도전과 위험이 축소돼서는 안 된다. 조직과 정부는 일자리 손실과 경제적 불평등뿐 아니라 자동화될 활동을 분류하는 데서 발생하는 혼란을 예방할 새로운 방법을 고민해야 한다. 자동화가 수집하고 흩어 놓는 데이터의 양이 증가하면서 개인 정보 보호에 대한 우려들도 있다.

우리는 아직 업무 현장 자동화가 가져올 변화의 속도에 대해서도 명확한 관점을 갖고 있지 않다. 자동화로 인해 기존의 업무 프로세스와 역할을 재규정해야 하는 까다로운 문제를 해결하는 속도뿐만 아니라 자동화 기술이 개발되고, 도입되고, 적용되는 속도도 고려해야 한다. 이들 요인은 산업에 따라 다르게 작용할 수도 있다. 자동화가 대부분 소프트웨어 기반으로 이뤄지는 산업에서는 훨씬 빨리, 저렴한 비용으로 성공할 수도 있다(기술로 손쉽게 직거래나 거래 절차를 관리할 수 있는 금융 서비스 분야는 최고의 사례다). 다른 한편으로 자본이나 하드웨어 집약적이거나 엄격한 안전 관련 규제의 제한을 받는 사업들은 자동화의 혜택을 누릴 시점이 더 지연될 가능성이 있다. 결과적으로 이런 사업들의 자동화 속도는 느려질 것이다.

 이 모두는 경영자에게 매우 시급한 과제를 안긴다. 창업자라면 우선 자동화의 속도와 방향에 시선을 고정해야 한다. 그런 다음 자동화 분야의 어디에, 어떻게, 얼마나 많이 투자할 것인지 결정해야 한다.

04
성장 이후,
중국은 어디로 가는가

2017년의 중국

전 맥킨지 연구소 아시아 의장 고든 오어Gordon Orr에 따르면 중국의
2017년은 느린 경제성장, 다민족으로 인한 갈등, 인구통계학적 불안으
로 특징되는 해가 된다. 2017년 중국은 특정한 제품(강철이나 일부 농산
물 제품)에 대한 관세 증가 등으로 미국과의 무역 마찰이 증가하고 있
는 중이다. 또한 국경을 넘어서는 혼란까지는 아니지만 일부 주목받는
기업들은 중국과 미국의 요구를 맞추는 일 사이에서 하나를 선택하도

록 강요받을 수도 있다.

최근 미국 정치인들의 발언이 무역과 관련된 광범위한 조치로 해석될 수 있다면 앞으로의 중국은 매우 다른 양상을 보이며 발전할 수도 있다. 수많은 다국적기업의 글로벌 공급사슬이 중간에 끼어 있고 전 세계 소비자들이 제품 부족에 직면한 상태에서 만일 특정 기업이나 분야에 대한 중국의 보복 움직임이 일어난다면 이는 손쉽게 확대될 것이다. 그리고 제품을 확보할 수 있게 되면 재료 가격은 인상된다. 중국 정부가 고용을 유지하고, 더 이상의 자본 유출을 제한하며, 국내 경제를 활성화시키기 위해 광범위한 조치들을 실행에 옮길 수도 있다. 시장 중심의 구조조정과 개혁은 논의에서 제외될 것이다. 경제적 민족주의, 식량과 에너지 보안, 사회적 안정성이 다른 무엇보다 중요해질 수 있다.

하지만 전 세계적으로 현재의 무역 협정들과 매우 유사한 상황들이 유지된다면 중국은 어떻게 될까? 그리고 무엇보다 경제성장을 지상 최고 과제로 여기는(중국의 13차 5개년 계획은 여전히 GDP와 가계소득을 2020년까지 두 배로 늘리는 목표에 중점을 두고 있다.) 국가로서 기존의 GDP 성장을 유지할 수 있을까?

지난 30여 년간 중국은 놀라운 성장을 이룬 후 이제는 세계은행이 인정하는 중상위 소득 국가로서 선진국으로 가는 길 위에 서 있다. 투자가 이끄는 성장 모델은 중국과 잘 맞았으며 중국의 예외적인 발전을 뒷받침해 왔다. 하지만 이제 이런 접근 방식에서 촉발된 긴장 상태가 조금씩 명백해지고 있다. 2015년 중국의 GDP 성장은 25년 만에 가장 낮은 수치를 기록했다. 기업 채무는 치솟았으며 외환 보유고는 5,000억 달러나 줄어들었다. 주식 시장도 거의 50퍼센트 가까이 하락했다. 일부 중국 기업들이 미국의 최고 기업들에 비견할 수익을 얻었음에도 불구하고 실적이 나쁜 많은 기업들이 전체 평균을 끌어내리고 있다. 경제적 수익의 80퍼센트 이상이 금융 서비스에서 나오는 만큼 중국 경제가 왜곡되고 있다. 중국이 금융위기를 향해 가는 중일 수도 있다는 추측도 늘어나기 시작했다.

중국은 중요한 선택에 직면했다. 오래된 모델을 계속 유지하면서 경제를 경착륙시킬 것인지, 아니면 기어를 변속해 속도를 바꿀 것인지 선택해야 한다.

성장을 유도하는 요인이 사라지다

2017년 중국의 기회는 어디에서 나타날까? 일단 수출에서 발생할 가능성은 없어 보인다. 주요 수출 시장에서 일어나는 잠재적 보호무역주의의 움직임은 무시하더라도, 중국 상품에 대한 세계의 수요를 더욱 증가시킬 만한 요인은 전혀 없다. 그렇다면 수출을 더 경쟁력 있게 해줄 통화 절하는 어떨까? 이는 증가하는 임금으로 곧 상쇄된다.

소비자들에게서 성장이 유도될 수 있을까? 소비자들이 올해 지출을 8~10퍼센트까지 늘릴 만큼 기분 좋은 상황은 아닐 듯하다. 소비자들은 부동산을 구매하거나 주택을 리모델링 하는 데 돈을 훨씬 더 적게 지출할 것이며(가격을 억제하고 모기지 금융에 대한 접근권을 제한한 정부의 조치 때문에) 현재의 세제 혜택이 만료되면 자동차에도 돈을 적게 지출할 것이다. 게다가 실질임금의 증가는 리먼 쇼크 이후 가장 낮을 가능성이 많다. 그리고 주택 가격이 그대로 유지되기에 이전과 같은 자산 효과wealth effect(자산의 가치가 상승하면 소비도 증가하는 현상)는 반복되지 않는다.

전자상거래가 촉진되는 현상은 성장에 도움이 될 수도 있다. 하지만 제조 분야와 서비스 분야에서도 기술이 일자리들을 대체하는 현상은 도움이 되지 않을 것이다. 실제로 이런 영향은 점점 더 눈앞에 드러나고 있다. 더 많은 소비자들이 일자리를 잃어버릴까봐 걱정할 뿐만 아니라 실제로 그 일자리들이 사라지는 현실을 보고 있다. 의료나 교육 서비스 같은 분야에서 기술은 그 기술을 활용할 수 있는 특권을 가진 몇 명에게만 혜택을 제공한다. 기술이 단기적인 일자리 상실을 상쇄하지는 못한다.

그렇다면 부동산이 아닌 분야에서는 투자가 주도하는 성장이 다시 공백을 메울 수 있을까? 어느 정도까지는 그럴 수 있다. 사적 영역의 기업 투자가 2016년의 낮은 수준에서 회복돼 가속화될 것으로 보인다. 그리고 낮은 실질금리는 로봇이나 클라우드 기반의 서비스처럼 생산성을 높이는 기술 분야에 투자를 촉진할 것이다. 게다가 중국 정부에게는 도시 철도와 도시 간 철도, 수처리(물처리), 5G 프로젝트 등 모든 분야에 지출을 할 수 있는 인프라 프로젝트들(베이징, 톈진과 인접한 허베이 지방의 교통 연결을 개선해 메가시티를 건설하려는 360억 달러 프로젝트 등)이 아직 남아 있다. 이 프로젝트들을 한데 모으면 10년 전과 유사한 방식으로 몇 퍼센트의 성장을 달성할 수는 있다. 하지만 그러려면 부채 수준이 연말까지 GDP의 300퍼센트에 도달해야 한다.

이 모두를 고려할 때 중국 경제가 2017년에 6.5퍼센트(2016년 중국의 GDP)의 성장을 달성하기는 어려워 보인다. 하반기에는 부동산 개발에 대한 제한이 번복되지 않는지 살펴봐야 한다. 중국에게 2017년은 좀 더 천천히 여행하기 위해 더 빨리 달리면서 전통적인 방식의 노력을 좀 더 활용하는 해가 될 것이다.

철강 생산량의 둔화와 철강 가격의 하락

중국 정부는 2016년 초부터 석탄과 철강 생산량을 절감하기로 약속했고 11월에는 절감에 성공했다고 선언했다. 하지만 석탄 생산량에서 줄이기로 약속한 2억 5,000만 톤은 전년도에 거의 대부분 불법적으로 추가된 양보다도 적다(그리고 이 생산량의 대부분이 다시 등장할 수 있다). 게다가 탄광이 영업할 수 있는 날짜 수를 제한하는 방법으로 생산량을 제한한 결과 더 심각한 문제가 발생했다. 석탄 생산량은 12퍼센트 가까이 떨어졌지만 가격이 80퍼센트 올라간 것이다. 광산 소유자에게는 좋은 일이지만 광산 근로자에게는 그다지 좋은 일이 아니다.

철강 생산량이 4,500만 톤 감소한다 해도 여전히 수억 톤의 잉여분이 남아 있었다. 현재 철강 생산은 건설과 자동차 분야에서 증가하는 수요 때문에 실제로 2016년보다 더 상승했다(철강 가격도 상승했다). 몇 건의 산업 내 통합 발표는 주로 큰 기업이 더 규모를 키우기 위해 큰 기업과 합병하는 건이었다. 이런 거래는 생산량 감산이나 증가로 이어지지 않는다. 그리고 철강 공장이 해체되지 않는 이상 잠재된 생산량이 시장으로 돌아올 수 있는 가능성은 남아 있다.

2016년에 그랬던 것처럼 2017년에도 생산량 감소 목표는 서류상으로만 존재할 가능성이 크다. 하지만 생산이 둔화되면 철강 수요는 하락하고 실질적인 설비는 과잉 상태로 남는다. 철강 가격은 빠르게 하락할 수 있으며, 이는 겨우 파산을 면했던 수많은 생산업체들의 현금 흐름을 다시 마이너스로 만든다. 그리고 이런 산업에 의존하는 도시 소비자들의 신뢰를 떨어뜨리고 소비자 지출이 하락해 현지 비즈니스 성과의 하락과 정리해고로 이어지는 악순환을 낳게 된다.

이 도시들에서 부동산 가격은 수요 부족으로 억제될 것이다. 주택 소유자들 역시 집을 팔 수 없고 장부상의 부가 감소하는 데 절망하게 된다. 이런 도시의 지방 정부들이 우려의 목소리를 키우면서 부실기업 그리고 부실기업과 합병할 능력이 있는 기업들에 자금을 공급하는 은행에 대한 압력도 커진다. 이런 일들이 당장 일어나지 않을 가능성도 있다. 하지만 결국 많은 기업들이 경쟁하기에는 너무나 비생산적이 되면서 사람들은 일자리를 잃게 된다. 그리고 그런 일이 일어나기 전에 이들 기업들을 유지하느라 앞으로 몇 년간 수십억 달러가 지출될 수도 있다.

더 이상 통하지 않는 전통적 규제

2016년, 중국의 입법기관과 규제기관은 기업들에게 영향을 미칠 새로운 법들로 매우 활발한 활동을 벌였다. 예를 들어 독점금지법Anti-Monopoly Law과 중복되는 반부정당경쟁법Anti-Unfair Competition Law은 '거래 관계에서 상대적으로 우월한 지위를 남용해 거래를 제한하는 일'을 방지하기 위해 상당한 개정이 이루어질 것으로 보인다. 이는 폭넓게 해석될 여지가 있으며 소규모 소매업자와 공급업체들이 그들이 상대하는 더 큰 기업들을 상대로 클레임을 제기하는 것을 허용할 수 있다. 또한 이 법은 고용주들이 직원들에게 제공된 뇌물이나 유인책에 대해서 몰랐다고 할지라도 책임이 있음을 의미한다.

아마도 다국적기업들은 이에 대해 불평할 것이다. 그 외에도 데이터의 현지화, 사이버 범죄에 대한 정부 보고, 개인 정보의 사용과 공유, 콘텐츠의 온라인 공개 제한 등의 요구 사항들은 사실상 중국에서 영업 중인 모든 다국적기업이 사업 모델의 다양한 측면들을 바꿔야 한다는 것을 의미한다. 이 법은 많은 불확실성을 만들어 내고 있다. 심지어 더 규모가 큰 기업들도 이런 규제에 적절하게 준비가 되어 있지 않을 수 있다.

중국은 곧 소비자 데이터의 광범위한 유출로 고생할 가능성이 높다. 많은 기업들이 사이버 보안과 관련된 기준이 느슨하다. 최근 중국 은행규제위원회China Banking Regulatory Commission는 어떤 기업 차원의 감시 절차도 없이 직원들이 개인 정보를 판매하도록 내버려 뒀다고 몇몇 은행을 비판했다. 중국 소비자들은 개인 정보가 공유되고 사용되는 데 상당히 너그러운 경향이 있는데 이는 아직 대규모 유출 사태가 발생하지 않았기 때문이기도 하다. 하지만 글로벌 해커들이 은행이나 인터넷 회사의 시스템을 뚫고 들어가 데이터를 유출시키는 일을 상상하기는 어렵지 않다. 그런 일이 발생하면 대중의 생각은 금세 바뀌고 곧 정부의 신속한 대응으로 이어져 데이터가 어떻게 보호되며 판매되는지에 대한 대규모 단속이 일어나게 된다. 이는 많은 중국 기업들이 사이버 보안에 훨씬 더 많이 투자하도록 유도할 것이다.

환율을 둘러싼 정부와 투자자들의 '치킨 게임'

2017년에는 중국의 환율을 관리하려고 노력하는 정부와, 적어도 자기 자산의 일부로서 미국 달러 가치가 보호되고 다변화하기를 바라는 투자자들 사이에 심각한 '치킨 게임'이 계속된다.

중국 정부는 끊임없이 돈이 유출되는 것을 막으려고 노력하고 있지만 정부가 세운 서로 상충되는 목표들 때문에 이 일이 어려워지는 경우가 종종 있다. 2017년 중국 기업이 국제 인수를 시행함으로써 1,000억 달러가 훨씬 넘는 금액이 중국을 떠났으며, 수많은 매수자들은 돈을 나라 바깥으로 빼내기 위해 예정보다 많은 돈을 지급하고 있다. 국가외환관리국State Administration of Foreign Exchange에서 시기적절하게 거래하기 위해 위안화 환전을 승인하는 것을 종종 거부하는데도 그런 상황이 벌어지고 있다. 나아가 2017년 11월에 상무부와 국가발전개혁위원회National Development and Reform Commission가 100억 달러가 넘는 해외투자, 부동산에 10억 달러 이상 투자하는 국영기업SOEs 그리고 비핵심사업에 10억 달러 이상 투자하는 모든 기업을 대상으로 더 엄격한 통제를 시행하겠다는 계획을 발표했다.

이는 거래를 더 어렵게 만들겠지만 개인 산업투자자들의 경우 대부분의 거래가 100억 달러 미만이고 핵심 사업 위주로 이뤄지는 만큼 대처할 수 없을 정도는 아니다. 수도꼭지를 완전히 잠그는 일은 '일대일로'一帶一路, One Belt One Road와 '세계로 가는 중국'China Going Global 같은 주요 정부 사업과 완전히 부합되지 않는 일이기도 하다.

정부는 기업들이 현지 통화를 달러로 바꾸기 위해 과다한 청구서를 작성하는 경우를 조사하고 있다. 돈을 중국 바깥으로 옮기기 위해 자유무역지대를 이용하는 경우도 단속하고, 국내 기업과 해외 지사들 사이에 이전가격협약을 조사하고 있다. 중국에 이익을 한 번도 보고하지 않았던 다국적기업들은 최근 10년간 이전가격 데이터를 제공하라는 요청을 받았다. 하지만 오늘날의 중국처럼 규모가 크고 무역 및 여행에 개방된 경제에서는 돈을 옮기는 새로운 방법이 언제든 등장할 수 있다.

2017년 중국에서는 또 어떤 것이 바뀌고 어떤 일이 일어날 것인가?

해마다 중국 시민들은 이론상으로는 5만 달러에 해당하는 위안화를 해외 통화로 환전할 수 있다. 2016년 초에 많은 사람들이 환전을 했고 2017년에도 크게 다르지 않다. 이 일로 발생할 수 있는 통화 흐름의 규모를 생각해 보면 앞으로는 이런 한도가 엄격하게 제한될 것이다. 즉, 한도가 공식적으로 취소되거나 단순히 실행하기가 불가능해질 것이다.

결과적으로 중국 투자자들이 해외에 투자할 수 있는 주식 커넥트 stock connects(홍콩 및 해외투자자가 홍콩거래소를 통해 상하이 주식을 매매할 수 있는 후강통Shanghai-Hong Kong Stock Connect처럼 중국 투자자들이 홍콩 주식을 살 수 있는 제도)는 인기가 더 높아질 것이다. 아직 시작되지 않았지만 채권 커넥트bond connect도 충분히 인기를 얻을 수 있다. 투자자들은 시장에 나와 있는 투자들에 익숙하지 않아서 이제까지 물러서 있었지만 앞으로는 이런 방법들을 통해 자본을 중국에서 빼내고 여러 가지 수단을 활용해 해외에서 현금화할 것이다. 중국에 잉여 현금이 있는 다국적기업들은 중국 내에서 그 현금으로 무엇을 해야 할지 고민하게 된다. 조만간 그 현금을 중국에서 빼내기가 매우 어려워질 것이기 때문이다.

중국 외환 보유고의 순잔고net result는 무역수지가 흑자로 유지됨에도 불구하고, 또 규제기관들이 최선의 노력을 기울임에도 불구하고 2017년도 말이면 20퍼센트 정도까지 계속 하락할 것이다. 결국 규제기관은 많은 사람들에게 경고를 던지기 위해 몇 명을 본보기 삼아 처벌

하는 전략을 취할 것이다. 예를 들면 너무 눈에 띄게 현금을 해외로 갖고 나가는 부자들을 대상으로 세간의 이목을 끄는 조사가 다수 이뤄질 것이다.

성장 주도가 아닌 생산성 주도 모델로의 전환

이제 중국은 지금까지 달려왔던 성장을 유지하는 것조차 어렵게 됐다. 규제와 투자 위주의 오래된 모델을 계속 가져가는 한 부실기업과 부채의 증가, 실업, 자본 유출 등 점점 경제 하강의 경로를 밟을 것이다. 맥킨지 연구소에 따르면 중국이 새로운 모델, 즉 생산성 위주의 접근 방식을 취할 경우 투자가 주도하는 방식을 유지할 때보다 2030년까지 36조 위안(5.6조 달러)의 GDP가 추가 창출될 수 있다. 그리고 가계소득도 33조 위안(5.1조 달러) 증가한다.

중국은 생산성 주도 모델로 전환할 수 있는 역량을 보유하고 있다. 123조 위안에 이르는 정부 자산을 활용해 국가 부채를 늘리고 추가적인 자금을 확보하는 등 재정 및 통화 정책 수단을 활용할 수 있다. 그리고 중국의 민간 분야는 활기가 넘치며 국영기업보다 자산 대비 수익 기준으로 세 배나 더 벌어들이고 있다. 지금 중국에는 (적어도 연간 2만 1,000달러의 가처분소득이 있는) 부유한 중산층이 1억 1,600만 가구나 있다. 2000년만 해도 이런 가구는 200만밖에 되지 않았다. 게다가 중국은 생산성 혁명을 위한 준비가 되어 있다. 노동생산성은 OECD 국가 평균에 비해 15~30퍼센트 수준에 그치고 있다.

새로운 생산성 주도 모델은 중국에 지속 가능한 일자리를 더 많이 만들어 내고, 중산층의 성장을 강화하며, 선진국으로의 진전을 가속화할 것이다. 이런 전환을 이루려면 중국은 과도하게 투자된 산업에 대해 투자를 줄여야 한다. 그리고 생산성을 높이고 새로운 일자리를 창출할 수 있는 기업들에 투자가 이뤄져야 한다. 취약한 경쟁자들이 주요 산업 분야에서 생산성을 끌어내리지 않도록 실패가 허용돼야 한다. 그래야 소비자들도 서비스에 대한 접근권이 커지고 경제에 참여할 수 있는 기회도 늘어난다.

이런 전환을 이루는 일은 시급한 과제다. 중국이 단기적인 GDP 성장 목표를 떠받치기 위해 계속해서 부채를 누적하는 상태가 길어질수록 경착륙 위험이 커진다. 2016년에 중국의 부실 채권nonperforming-loan의 비율은 이미 보고된 1.7퍼센트보다 무려 10배에 달하는 약 17퍼센트 수준에 이르는 것으로 추정됐다. 만일 성과가 저조한 기업들에 대한 대출을 줄이지 못하고 기업들의 전반적인 성과가 계속해서 악화된다면 이 비율은 더 상승할 수도 있다.

이는 은행들의 심각한 자본 잠식을 유발하고 2019년이면 8.2조 위안(1.3조 달러)의 자본 충당을 요구하게 된다. 달리 말하면 한 해 전환이 지연될 때마다 잠재적 손실이 2조 위안(3,100억 달러)이 넘을 수도 있다. 이런 손실이 은행 위기로까지는 연결되지 않더라도 대출 기업들의 유동성 경색과 회복 기간 동안 투자자와 소비자의 신뢰 감소는 경제에 심각한 영향을 미친다.

맥킨지 연구소에 따르면 중국이 2030년까지 생산성을 높일 수 있는 다섯 가지 기회는 다음과 같다.

- 중산층 소비자들을 더 잘 공략함으로써 39조 위안(6조 달러) 이상의 소비를 촉발시킨다.
- 디지털화를 통해 새로운 비즈니스 프로세스를 활성화한다.
- R&D 집약적인 분야, 즉 수익이 글로벌 리더 기업의 3분의 1밖에 되지 않는 분야에서 혁신을 통해 가치사슬을 개선한다.
- 린lean(생산능력을 필요한 만큼만 유지하면서 효율을 극대화하는 생산 시스템) 기술과 에너지 효율 제고 등 생산성을 15~30퍼센트 상승시킬 방법을 활용해 사업 운영을 개선한다.
- 잠재적으로 생산성을 10~15퍼센트 증가시킬 수 있는 글로벌 연계를 심화함으로써 경쟁력을 강화한다.

이런 기회를 포착하려면 제도의 전면적인 변화가 요구된다. 중국은 더 많은 영역을 경쟁에 개방해야 한다. 기업들을 구조조정하고 자본 시장을 더 발전시켜야 한다. 능력의 격차를 메우고 기술 수준을 끌어올려야 한다. 비록 중국 정부가 내부적 절차를 현대화하는 과정을 진행하는 중이더라도, GDP 증가에 집중할 때만 보상을 제공했던 인센티브 제도와 거버넌스의 방향을 이제는 전환해야 한다. 더불어 많은 이해관계자들 사이의 갈등도 관리해야 한다.

05
기업의 성패를 가를
디지털 비즈니스 전략

기업에 침투하는 디지털 기술

디지털 기술은 어디에나 존재하는 것처럼 보이지만 이제 막 산업에 침투했을 뿐이다. 물론 디지털 기술은 계속 진보해 나가면서 기업의 매출과 수익, 기회에 극적인 영향을 미칠 것이다. 새로운 시장이 등장하고 기술이 우리의 일상에 더 많이 스며들면서 경제의 디지털화는 이미 상당히 진보한 상태라고 넘겨짚기 쉽다. 하지만 디지털의 힘은 아직 주류로 자리 잡지 못했다. 미디어, 소매업, 하이테크 분야에 상대적으로 깊게 침투했음에도 불구하고 평균적으로 볼 때 전체 산업의 디지털화는 40퍼센트도 이뤄지지 않았다.

맥킨지 연구소에 따르면 디지털 기술이 좀 더 깊숙이 침투할 경우 상대적으로 더 많은 디지털화를 이룬 기업들은 많은 이익을 얻는 반면, 그렇지 못한 기업의 매출과 이익은 하락한다. 앞으로 승자 기업과 패자 기업을 구분하는 가장 큰 요인은 대담하고 견고하게 통합된 디지털 전략이 될 것이다. 이런 디지털 전략을 통해 기존 시스템의 파괴에 앞장서는 기업들이 가장 많은 이익을 얻는다. 그리고 이들을 빠르게 추격하는, 운영이 탁월하고 조직이 건강한 기업은 그나마 많이 뒤처지지 않는다.

여기서는 디지털화 전략에 따라 기업의 경제적 성과가 어떻게 달라지는지를 살펴보고자 한다. 성과가 가장 뛰어난 기업들은 디지털화에 대한 압박에 직면해 어떤 대응 조치를 생각하고 있을까? 디지털화 전략을 진행할 때는 탁월한 전략을 평균적으로 집행하는 방법과 평균적인 전략을 탁월하게 집행하는 방법 중 어떤 접근 방법이 더 효과가 있을까?

확실한 것은 경영자의 결단력 있는 행동이 요구된다는 점이다. 새로운 디지털 비즈니스를 창조하는 방법을 통해서건, 현재의 전략과 운영 및 조직을 재창조하는 방법을 통해서건 경영자의 결정과 의지가 중요하다는 점은 동일하다.

디지털화와 기업의 성장

맥킨지 연구소의 연구에 따르면 디지털화의 침투 정도는 산업 평균 37퍼센트로 이제 막 수많은 산업들이 변화하기 시작했다. 물론 디지털화가 기업의 경제적 성과에 미치는 영향은 이미 상당한 수준이지만 완전히 디지털화된 산업은 4퍼센트에 불과하다. 또한 모든 분야에서 디지털화가 이뤄지고 있지만 그 비율은 산업별로 다양하다.

한편 디지털화는 경제 마찰economic friction을 감소시켜(자동화 등을 통해 고객과 공급자 사이에 존재하는 시간, 노력, 비용이 지속적으로 감소됨을 의미함) 매출과 이익의 성장에 압력을 가한다. 평균적으로 볼 때 현재 수준의 디지털화만 해도 이미 이자 및 세전이익EBIT 성장률의 4.5퍼센트, 연간 매출 성장률의 6퍼센트를 빼앗아 간다. 이는 디지털화가 진행될수록 기업이 떠안을 압박이 더 커진다는 점을 시사한다.

물론 성장률이 하락한다는 전망이 희망적이진 않지만 경영자들은 이 하락률이 모든 산업을 망라해 산출된 평균 수치임을 기억해야 한다. 맥킨지 연구소는 디지털화로 성과가 뛰어난 기업과 일반 기업의 격차가 더 크게 벌어지는 만큼 성과의 배분이 불균등하다는 사실을 발견했다. 이는 다른 연구에서도 경제적 성과가 극단적으로 불균등하게 나타났다는 점에서 일관된 결과다. 그 연구에 따르면 디지털화에서 탁월한 성과를 보이는 기업은 시장을 초과하는 경제적 수익을 창출할 가능성이 다른 기업들보다 세 배나 높다. 하지만 성과가 나쁜 기업들은 어떤 산업에서 경쟁하느냐와 관계없이 시장에서 살아남지 못하는 것으로 나타났다.

현재 수준에서는 디지털화의 중간 정도에 있는 기업들이 매출과 EBIT 성장에서 3퍼센트를 추가로 확보하는 등 평균적인 기업보다 좋은 성과를 보인다. 그 이유는 아마도 디지털화가 주로 하위권의 기업들을 심하게 타격해 평균을 끌어내리기 때문일 것이다. 하지만 디지털화가 점점 더 성장률을 압박하면 상위 기업이든 하위 기업이든 관계없이 모든 기업이 그 영향을 받게 된다.

이런 경제적 압력을 생각하면 경영진은 단지 '어떻게 경쟁할 것인가'가 아닌 '어디서 경쟁할 것인가'에 신중한 주의를 기울이게 된다. 그리고 디지털 투자에서 나오는 수익을 면밀하게 모니터하는 일이 점점 더 중요한 핵심 과제가 된다.

앞서도 말했지만 현재까지 그 성과는 불균등하다. 모든 산업에서 일부 기업들은 과도할 만큼 큰 수익을 얻고 있는 반면, 같은 산업에 속한 수많은 기업들은 자본비용에도 미치지 못하는 수익을 얻고 있다. 이는 일부 기업들이 잘못된 곳에 투자하고 있거나 옳은 투자처라고 해도 너무 많이(또는 너무 조금) 투자하고 있기 때문이다. 그리고 디지털 투자로 인한 수익이 경쟁 과정에서 사라져 버렸거나 소비자에게 이전됐을 수도 있다. 하지만 기술 기업들이 미디어 분야에서 가치를 실현했을 때처럼, 모든 산업에 성과가 탁월한 기업들이 존재한다는 점에서 이 과제를 제대로 수행하고 있는 기업들이 있다.

어떤 곳에 디지털 투자를 해야 할까

디지털 투자를 통해 수익을 개선하려면 디지털화가 진행되는 부문을 따라가면서 정확하게 목표를 설정해야 한다. 디지털은 선택할 수 있는 투자 옵션의 폭을 넓게 확대했다. 따라서 이 모두에 같은 양의 자원을 단순하게 펼쳐서 투자하면 당연히 실패한다.

맥킨지 연구소는 산업 내 디지털화의 영향을 다섯 가지 부문에서 측정했는데 바로 제품과 서비스, 마케팅과 유통 채널, 비즈니스 프로세스, 공급사슬, 시장 생태계의 신규 진입자다. 이들 각각이 얼마나 진보했는지, 여기에 대응해 기업들이 어떤 조치를 취했는지는 각자의 입장에 따라 달라진다. 또한 투자와 기회 사이에는 불일치가 존재한다. 이런 불일치는 디지털화가 진행되면서 매출과 수익의 성장에 미치는 불균등한 영향을 반영한다. 산업 간 차이가 존재하는 것처럼 부문 간에도 차이가 존재하기 때문이다. 연구에 따르면, 디지털화는 제품과 서비스 부문에서 더 많이 이뤄졌고, 공급사슬 부문에서 덜 이뤄진 것으로 나타난다.

그러나 디지털화가 매출과 수익에 가장 크게 영향을 미칠 부문은 공급사슬이다. 공급사슬 부문에서는 완전한 디지털화가 연간 매출 성장에 끼칠 것으로 예상되는 전체 타격 중 3분의 2(10.2퍼센트 중 6.8퍼센트)를 차지한다. 이렇듯 공급사슬이 매출과 수익의 성장에 미칠 수 있는 영향에도 불구하고 많은 기업들이 이 분야에 집중적인 투자를 하고 있지 않다.

에어비앤비와 우버가 과거에는 접근하기 어려웠던 공급의 원천(각각 자동차와 방을 공유함으로써)을 활용하면서 이들을 시장으로 끌어들이는 힘을 보여 줬음에도 불구하고, 많은 경영자들은 공급사슬이 미래를 대비하는 디지털 전략의 핵심이라고 여기지 않는다.

이와 유사하게 알리바바, 아마존, 구글, 텐센트Tencent 등 하이퍼스케일hyper-scale(수요 증가에 맞춰 적합한 규모로 인프라를 확장할 수 있는 아키텍처 역량) 사업이 가장 급진적으로 디지털화를 추진하면서 어떤 산업에 진입하기도 하고 다른 산업에 부수적 피해를 발생시키는 시장 생태계 부문에서도 투자는 거의 일어나고 있지 않다.

조사에 따르면 기업들은 49퍼센트가 마케팅과 유통의 디지털 전략에 주로 관심이 있었다. 그다음으로는 제품과 서비스 부문(21퍼센트)이었고, 업무 프로세스(14퍼센트)가 뒤를 이었으며 공급사슬 부문은 2퍼센트로 가장 관심이 적었다. 디지털화가 이미 고객과의 상호작용에 미치고 있는 비정상적인 영향과, 디지털 도구들이 마케팅 투자의 목표를 정확하게 수립하는 데 작용하는 힘을 고려하면 이런 관심은 합리적이라고 볼 수 있다. 그러나 더 이상 현상 유지 전략으로는 살아남기 힘들다.

기업들은 공급사슬에 존재하는 새로운 기회처럼 미래의 매출과 수익에 중대한 영향을 미칠 기회를 간과하고 있는지 모른다. 그 기회는 자원의 재배치를 요구할 수도 있다. 대개 전략적으로 자원을 이동시키는 기업들이 더 많은 가치를 창조하고 주주들에게도 더 높은 수익을 제공한다. 이런 결과는 디지털화가 진행되면서 더 확실해진다.

전략적 디지털화가 가져오는 성과

아직 기업들은 디지털 투자의 규모나 범위에서 대담함이 부족하다. 그러나 자신이 속한 산업의 디지털화에 더 공격적으로 대응할수록(디지털 파괴를 시도하는 일까지 포함해서) 그 기업의 예상 매출과 수익은 더 좋아진다. 맥킨지 연구소에 따르면 가장 공격적인 기업들이 수익 성장에서 10.4퍼센트의 감소분 중 7.3퍼센트를 회복할 뿐 아니라 예상되는 매출 성장에서 발생할 12퍼센트의 손실 중 11퍼센트 이상을 회복할 수 있는 것으로 나타났다.

경영진은 투자 범위를 평가할 때 주어진 차원에서 기존 고객과의 접점을 디지털화하는 방식으로 단지 몇 발자국만 앞으로 나아간 것은 아닌지 자문해 봐야 한다. 경쟁자들은 스스로 공급업체와 사용자들을 연결하기 위해 거의 모든 비즈니스 프로세스를 디지털화하고, 필요한 경우 새로운 프로세스를 도입하는 등 더 과감한 행동을 취했을 수 있다. 따라서 단지 한두 개가 아닌 모든 분야에 걸쳐 행동을 취해야 한다. 물론 어떤 경영진에게나 어려운 주문이다. 심지어 현재 디지털 리더인 기업들이라도 말이다.

맥킨지 연구소에 따르면 '매출 성장', 'EBIT 성장', '디지털 투자 수익'이라는 세 가지 척도로 볼 때 디지털 전략과 기업 전략을 밀접하게 연결한 기업들이 그렇지 않은 기업보다 승리할 확률이 높다. 승자 기업들은 디지털화에 대응하기 위해 기업 전략의 상당 부분을 변경하는 경향이 있는데 이는 매우 타당한 조치다. 디지털 파괴는 많은 경우 비즈니스 모델의 근본적인 변화를 요구한다. 조사에 따르면 하위권의 기업들은 단지 5퍼센트만이 경쟁 기업보다 디지털에 더 많이 투자하지만, 상위 기업들은 49퍼센트가 경쟁 기업보다 더 많이 투자한다. 하위 기업들의 90퍼센트는 경쟁 기업보다 적게 투자하고 있었다.

상위 기업들은 단지 더 많이 투자하기만 한 것이 아니라 모든 부문에 걸쳐 투자한다. 다시 말해 이들은 디지털 투자의 규모와 범위 양쪽 모두에서 느림보 기업들을 앞선다. 각 부문들이 디지털화되는 속도가 다 다르며 경제 성과에 미치는 영향도 다르다는 점을 감안하면 이런 투자는 성공할 수밖에 없다. 더불어 상위 기업들이 지닌 조직문화의 강점은 이런 대담한 조치들을 뒷받침한다. 이들은 사일로화(부서 간의 장벽 또는 부서 이기주의)된 태도나 행동, 고객에 대한 관점의 분열로 방해를 받을 가능성이 적다. 강력한 조직문화는 디지털화가 가져올 위협과 기회를 인식하는 능력을 높이고 이에 대응해 취할 수 있는 조치의 범위를 확대한다. 또한 다양한 기능, 부서, 사업 단위에 걸쳐 이런 조치들이 조화롭게 집행되도록 돕는다.

대담하고 견고한 전략이 이긴다

앞서 살펴본 바와 같이 디지털화가 매출과 이익 성장에 가장 심각한 영향을 미치고 있는 분야와 오늘날 디지털 투자가 이뤄지고 있는 분야는 합치되지 않는다. 또한 승자 기업들은 다른 기업들보다 투자를 더 많이, 더 폭넓고 대담하게 한다. 그렇다면 산업이 완전한 디지털화에 도달했을 때 성장 잠재력이 가장 큰 전략은 무엇일까?

맥킨지 연구소에 따르면 첫 번째는 앞서 설명한 하이퍼스케일 사업들처럼 사업의 범위를 대담하게 변경하는 전략이다. 파괴적 전략은 그 자체만으로도 완전한 디지털화에 빼앗긴 모든 매출 성장을 다시 찾아올 수 있다. 이런 파괴적 전략에 더해 기민한 기업 운영, 조직문화, 인재와 같은 비전략 차원에서 얻는 성과를 조합하면 연간 매출에서 약 4.3퍼센트의 성장을 달성할 수 있다.

두 번째는 빠른 추격자 전략이다. 대부분의 경영진은 알리바바, 아마존, 구글, 텐센트가 각자 자신의 플랫폼에서 달성한 것 같은 시장 생태계 자체를 바꾸는 플레이를 꿈꾼다. 하지만 시장 생태계를 변화시키는 수준으로 파괴적인 전략을 구사하는 기업은 많지 않다. 하지만 빠른 추격자 전략은 파괴적인 전략까지는 못 돼도 디지털 성숙도의 다른 모든 요소에서 상위 25퍼센트를 달성함으로써 이를 보완한다.

빠른 추격자 전략은 실수에 대비해 좀 더 많은 여유를 제공한다. 즉, 승부를 그만큼 정확하게 걸 필요가 없다. 또한 이 전략은 집행을

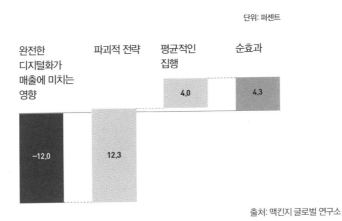

〈파괴적 전략을 선택했을 때의 매출-성장 그래프〉

단위: 퍼센트

완전한
디지털화가
매출에 미치는
영향

파괴적 전략

평균적인
집행
4.0

순효과
4.3

−12.0

12.3

출처: 맥킨지 글로벌 연구소

잘할 경우 프리미엄이 커진다. 승리의 규모는 연매출 성장률 0.4퍼센트로 미미한 양의 값이다. (최고의 파괴적 전략은 아니어도) 전략이 좋으면 5.3퍼센트, 디지털 성숙도가 높으면 7.1퍼센트를 얻는다. 이는 기존 기업들에게 좋은 소식일 것이다. 많은 기업들이 핀테크 분야의 기업들과 같은 기술 스타트업을 주의 깊게 관찰해 승리하는 플레이를 포착해서 이를 큰 규모로 모방하고 있기 때문이다. 분명 이런 접근 방식은 디지털화의 정도와 관련해 모든 기업 운영 및 조직 측면에서 앞설 수 있는 역량을 요구한다.

각 산업에서 디지털화가 본격화되고 있는 이 시기에 기업들은 자신이 속한 산업에 디지털화가 얼마나 많이 진행될지, 그런 진화가 경제

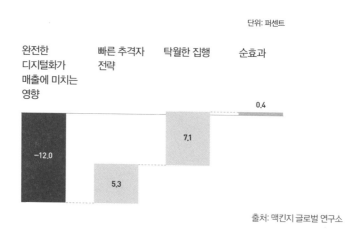

〈빠른 추격자 전략을 선택했을 때의 매출-성장 그래프〉

단위: 퍼센트

완전한
디지털화가
매출에 미치는
영향

빠른 추격자
전략

탁월한 집행

순효과

0.4

−12.0

7.1

5.3

출처: 맥킨지 글로벌 연구소

적 성과에 어떤 영향을 미칠지 평가해야 한다. 그리고 각각의 차원에서 대담하면서도 견고하게 통합된 전략에 착수해야 한다. 그렇게 할 때만 그들의 투자가 현재 경쟁하고 있는 환경과 일치한다. 그리고 그런 전략과 집행은 경영자의 확실하고 결단력 있는 행동을 요구한다.

디지털 전략에서 CEO가 내려야 할 일곱 가지 결정

대개 덩치가 큰 기업들이 시도했던 디지털 전략은 많은 부분 기존 비즈니스의 주변부에서 운영되는 경향이 있다. 혁신 랩이나 연구소가 회사에 촉진제 역할을 할 수도 있다. 그러는 동안 기존 사업은 대부분 흔들리지 않고 그 자리에 남아 있다. 하지만 회사 구성의 기본이라 할 수 있는 가치 제안, 사람, 프로세스, 기술 같은 핵심을 개조하지 않으면 어떤 디지털 전략도 단기적인 수선 작업이 되기 쉽다. 기존 조직은 필연적으로 과거의 관행들로 되돌아가려고 할 것이다.

앞서도 강조했지만 사업을 재창조하려면 대담함이 요구된다. 하지만 대담한 것과 신중하게 대담한 것은 다르다. 기업의 디지털 전환은 무시하거나 미루고 싶은 트레이드오프를 포함해 힘든 결정을 내릴 것을 요구한다. 그리고 어떤 결정을 먼저 해야 할지, 어떻게 이를 실행해야 할지가 디지털 전환의 성공 여부를 좌우한다.

결정을 해야 할 시점은 성공적인 디지털 전환 프로그램의 다음 네 단계 중에 발생한다.

1. 가치가 어디로 이동하는지에 근거해 기업 목표를 발견한다.
2. 수익성 있는 고객 여정을 목표로 전환 프로그램을 설계한다.
3. 파트너들이 존재하는 시장 생태계를 통해 변화를 실행한다.
4. 성공 가능성을 최대화하기 위해 전환 과정의 위험을 제거한다.

각 단계에서 CEO가 해야 할 일은 새로운 행동 양식을 모델링하는 일에서부터 전략을 집행하기 위해 조직문화의 변화를 이끌어 내는 일까지 매우 많다. 여기서는 각 단계에서 CEO가 내려야 할 중요한 일곱 가지 결정과 이런 결정을 어떻게 내릴 수 있는지를 살펴본다.

결정 1: 비즈니스가 어디로 가야 하는가

사업 방향을 선택하는 일보다 더 중대한 결정은 없다. 이 결정은 기업의 생존과도 연결되며 그렇기에 모든 결정을 압도할 만큼 무거워 보이지만 대부분의 기업들에게는 선택의 여지가 없다. 이미 생존 자체를 위협하는 디지털 파괴에 직면했기 때문이다.

우선 다양한 옵션을 생각해 낼 수 있는 통제된 프레임워크와 데이터 분석은 이런 결정을 내리는 데 도움이 된다. 먼저 경제 분석의 기본인 공급과 수요에 근거해 시장과 사업을 신중하게 검토할 것을 추천한다. 이때 어떤 분석이든 디지털 기술이 미래의 변화를 어떻게 이끌어 갈지에 대한 이해를 바탕으로 역동적이고 미래 지향적이 되어야 한다는 점이 중요하다.

우리가 알고 있는 유명한 디지털 혁신은 고객의 경험을 전환시키거나 고객들이 제품 및 서비스와 새로운 방식으로 상호작용할 수 있도록 네트워크와 데이터를 활용한다. 따라서 이런 사례는 가능성을 검토해 볼 수 있는 좋은 기반이 된다. 기존 기업들 역시 신선한 아이디어를 독려하기 위해 자신이 속한 산업의 내부와 외부 모두에서 디지털 혁신가들이 활용한 접근 방식을 살펴볼 필요가 있다.

물론 분석이 중요하긴 하지만 상상력을 대체할 수 있는 것은 없다. 영국의 학자 루이스C. S. Lewis는 상상력을 '의미의 기관'organ of meaning이라고 불렀는데 CEO들도 이 상상력을 활용할 필요가 있다. 산업 전체가 디지털화된다면 그 산업이 어떻게 될지 상상해 보는 것도 한 가지 접근 방법이 될 수 있다. 기업이 고객들의 여정 전체에서 어떻게 새로운 방식으로 고객을 응대할 수 있을지 찾아내려면 창의적인 도약이 필요하다.

GE는 자신이 속한 산업이 어떻게 진화할지 상상한 후 이에 대응한 사례다. CEO인 제프 이멜트Jeff Immelt는 이렇게 지적했다. "S&P 500 가치주 중 15~20퍼센트는 15년, 20년 전에는 존재하지도 않았던 소비자 인터넷 주식들이다. 소비재 기업들은 아무것도 확보하지 못했다. … 여러분이 10년이나 15년을 내다본다면 … 동일한 가치가 산업 인터넷에서 창출될 것이다." GE는 이런 통찰에 근거해 기업의 모든 사업부와 긴밀하게 일하는 소프트웨어 및 애널리틱스 그룹, 개발 업체들을 초대해 GE 데이터를 활용한 새로운 애플리케이션을 구축하게 하는 유명한 디지털 플랫폼 프리딕스Predix를 출범시켰다.

결정 2: 누가 전환 과정을 이끌어야 하는가

CEO 혼자서 이 일을 할 수는 없다. CEO는 오케스트라의 지휘자처럼 비전과 진행 방향을 제시한다. 그리고 시니어 리더들로 이뤄진 다른 그룹이 매일의 노력을 밀고 나가야 한다. 따라서 CEO가 내려야 할 주된 결정은 조화로우면서도 효율적인 과정이 되도록 리더 그룹의 구성원을 선택하는 일이다. 여기에 참여시킬 때 기준 한 가지는 디지털 관련 기술과 지식이 있어야 한다는 점이다. 이것이 많은 CEO들이 최고디지털책임자CDO에게 도움을 청하는 이유다. 많은 기업들에서 CDO를 선정하는데 이는 올바른 해답이긴 하지만 해답의 일부일 뿐이다.

이 결정은 변화를 이끌기 위해 적절한 사람들로 구성된 팀을 제자리에 배치하는 선까지 확대돼야 한다. 디지털은 사업의 거의 모든 측면에 영향을 미치고 조직 전체에 걸쳐 전례 없는 수준의 조화를 요구하므로 다양한 부서의 임원들이 포함돼야 한다. 비전을 제공하고 영감을 주는 사람들을 확보하는 일도 중요하지만 변화 관리 전문가, 사업의 역학에 이해가 깊은 존경받는 임원들도 필요하다. 아울러 CEO는 디지털 문화의 핵심 가치인 고객 중심주의, 협업 태도, 위험에 대한 관용을 체화하고 이를 독려하는 리더를 선택해야 한다.

팀의 규모가 클 필요는 없다. 사람들이 필요한 기술을 가지고 있는 한 상당히 작아도 무방하다. 스타벅스의 하워드 슐츠Howard Schultz는 CIO와 CDO에게 10년간 디지털 전환 프로그램을 이끌게 했고, 그 결과 북미 매장들에 모바일 결제와 고객 로열티 프로그램이 광범위하게 도입됐다. 유럽의 한 에너지 기업은 COO, CMO와 CSO(최고영업책임자)가 이런 책임을 맡아 이끌었다.

결정 3: 핵심 이해관계자들에게 어떻게 비전을 '팔아야' 하는가

어떤 변화든 그 변화가 추구하는 비전을 소통하고 왜 이런 노력이 필요한지 사람들을 설득해야 한다. 이런 이유로 CEO는 무엇을 말해야 하는지, 어떻게 얼마나 오래 소통을 해야 할지도 결정해야 한다.

한 가지 접근 방법은 제품으로서 변화 프로그램을 고안하고 이를 브랜드화하는 것이다. 안젤라 아렌츠Angela Ahrendts는 버버리 CEO로 취임하면서 '아트 오브 트렌치'Art of the Trench 캠페인과 함께 디지털로의 공격적인 전환에 착수했다. 그녀의 높은 목표는 조직에도 활기를 불어넣었다. 2014년 초반 ING 그룹의 CEO 랄프 해머스Ralph Hammers는 회사를 위해 '미래 지향적으로 생각하고 지금 행동하라'Think Forward, Act Now는 비전을 발표했다. 이 비전의 목표는 혁신의 속도를 높이고 애널리틱스를 더 잘 활용함으로써 소비자 경험의 차별화를 시행하는 것이었다. 2016년 후반 해머스는 모바일 은행에 초점을 맞춘 '미래 지향적 생각 가속화하기'Accelerating Think Forward로 비전을 업데이트했다.

비전과 더불어 언제, 누구와 소통하느냐를 결정하는 일도 중요하다. CEO는 먼저 회사 내부와 외부에서 영향력 있는 사람들, 즉 인플루언서influencer에 대한 정보를 확보해야 한다. 그런 다음 그들의 네트워크에 비전을 전파해야 한다. CEO는 모든 관련 포맷과 채널을 활용해 흔들림 없는 억양으로 또렷하고 선명하게 메시지를 전달해야 한다. 그리고 메시지는 직원들부터 이사회, 주주들까지 각각의 청중에게 맞춰야 한다.

일단 전환 프로그램이 시작된 후에는 모든 핵심 이해관계자들과 함께 대담하고 장기적인 방향성을 잘 소통해야 한다. 그래야만 단기적인 재무 목표를 달성해야 한다는 압력에서 벗어나 균형을 잡아 줄 수 있다.

결정 4: 디지털 생태계의 어디에 포지셔닝해야 하는가

기술부터 플랫폼과 벤더에 이르기까지 상대적으로 저렴하고 풍부한 자원을 갖춘 디지털 생태계가 자리 잡은 덕분에 신규 기업들은 기존 기업에 도전할 수 있게 됐다. 물론 이런 디지털 생태계는 파괴적인 공격자들에게는 요긴한 대상이 될 수 있지만 기존 기업들도 그 자원을 활용할 수 있다.

CEO들은 디지털 생태계에서 활용 가능한 역량과 기술들 중 어떤 것이 사업의 전략적 목표를 보완하고 지원할 수 있는지 파악해야 한다. 이들 관계에 얼마나 의존할 것이며 이들을 어떻게 구조화할지도 중요한 결정이다. 이런 결정을 내리려면 고객과의 관계나 데이터 같은 기업의 가장 중요한 자산을 어떻게 확보할지 명확하게 판단하고 있어야 한다.

독일 서점계의 선두 주자인 탈리아Thalia의 CEO 마이클 부시Michael Busch는 디지털북 서비스를 출시하기 전에 전체 공급사슬을 체계적으로 평가했다. 그는 다른 책 소매업체들과 연합해 네트워크를 결성했으며 기술과 디지털 유통의 기간망backbone을 제공하는 도이체 텔레콤과 파트너가 됐다. 하지만 그는 자사의 핵심 가치라고 인식한 고객들로부터 탈리아를 떼어 놓는 계약은 절대 체결하지 않았다.

전 세계적으로 규모를 키워 가고 있는 스페인 은행 BBVA 코파스 BBVA Copass는 지난 10년간 공격적으로 디지털화를 이뤘다. 2016년에 이 회사는 API 마켓플레이스를 출범시켰는데 여기서는 핀테크 스타트업들이 BBVA의 백엔드back-end 시스템과 인터페이스 할 수 있는 앱을 구축할 수 있다. 이런 설정은 BBVA가 이 디지털 생태계에서 리더의 자리를 확고하게 유지할 수 있도록 하는 한편, 기업가들의 에너지와 창의력을 전달하는 경로를 제공한다.

결정 5: 전환 과정에서 어떻게 의사결정을 내려야 하는가

디지털 전환을 위한 노력이 얼마나 잘 설계됐든 간에 현실에서는 항상 놀라운 일이 벌어지며 예상치 못한 상황들이 전개된다. 이런 현실에 대응하기 위해 CEO와 리더십 팀은 불가피한 경로 수정을 허용하는 에스컬레이션 룰escalation rules(프로젝트 관리 시 특정한 상황이 발생할 경우 미리 정해 놓은 상위의 구성원들에게 의사결정을 구하도록 정한 규칙)과 거버넌스를 결정해야 한다.

디지털화를 위한 노력이 제 궤도에 있는지, 그렇지 않다면 변화를 고민해야 하는지 판단하기 위해 CEO는 리더십 팀과 최소한 주 단위로 확인해야 한다. 번거로운 일처럼 들릴지 모르지만 회사를 개조하는 프로그램에 일주일에 단 한 시간을 투자하는 것은 CEO의 시간 중에서 1~2퍼센트밖에 되지 않는다. 어려운 건 시간을 정하고 이를 준수하는 일이다.

이런 접근 방식을 지원하기 위해 CEO는 디지털 전환 목표가 반영된 핵심 사업 계획의 상황을 한눈에 보여주는 대시보드dashboard(프로젝트 관리 시 진행 상황을 확인할 수 있도록 웹상의 한 화면에 다양한 정보를 찾고 관리할 수 있도록 만든 사용자 인터페이스)가 필요하다. 디지털 전환은 시간이 많이 걸린다. ROI(투자자본수익률)같이 단기에 초점을 맞추는 기준으로는 잘못된 길로 들어설 수도 있다. 디지털 채널에 새롭게 등록하는 것이나 디지털 참여 수준 등 디지털 도입을 평가하는 비전통적인 매트릭스가 디지털 전환을 평가할 때 더 좋은 척도다.

결정 6: 어떻게 자원을 신속하면서도 역동적으로 배분할 것인가

디지털 전환을 이끌어 나가는 CEO와 리더십 팀의 핵심 수단은 자원의 배분이다. 이는 CEO가 일상적 업무의 일부로 내려야 하는 결정, 즉 자원을 필요한 곳에 배분하는 데 그치지 않는다. 디지털 전환을 위해서는 자원 배분 절차가 어떻게 되어야 하고 어떤 속도로 이뤄져야 하는지도 결정해야 한다.

맥킨지 연구소에 따르면 기업의 디지털 지수Digital Quotient를 높이려면 자본과 운영 지출 모두의 배분을 목표로 해야 한다. CEO와 리더십 팀은 디지털 사업 계획의 진전을 면밀하게 추적해 기대에 뒤떨어지는 프로젝트는 정리하고, 잘 진행되는 프로젝트에 더 투자하는 등 벤처 캐피털리스트처럼 행동해야 한다. 이렇게 되려면 보통 연간 사이클을 따르는 경향이 있는 대기업의 예산 편성 속도를 높여야 한다. 디지털 전환 과정 중에는 예산 편성이 연간 단위에서 분기 단위, 심지어 월 단위로 바뀌어야 한다.

디지털 전환에 성공하려면 종종 기존 영업에 대한 예산을 삭감해야 할 수 있다. 디지털 전환을 꾀하던 한 대형 은행은 심지어 대규모 디지털 투자를 한 후에도 지점들이 여전히 운영 지출의 90퍼센트를 차지하고 있으며, 지점에서 이뤄지는 거래의 70~80퍼센트는 디지털로 가능하다는 사실을 깨달았다. 결국 모든 미래의 자본 지출을 디지털 분야로 옮겼고 여러 지점의 문을 닫았다. 이전까지 지점에 의존했던 고객들이 ATM이나 웹/모바일 채널로 옮겨 가도록 프로그램도 시행했다.

결정 7: 언제, 무엇을 할 것인가

사실 디지털 전환 프로그램의 70퍼센트 이상이 실패한다. 앞에서 제시한 중대한 결정들이 전환 가능성을 높이는 데 많은 도움이 되긴 하지만 추진력을 잃으면 최상의 전환 노력도 원래대로 돌아갈 수 있다.

이런 가능성을 미연에 방지하면서 매출 성과를 창출하고, 비용을 줄이고, 재투자를 위한 이익을 얻으려면 CEO가 전환 작업을 어떻게 배치해야 할지 신중하게 결정해야 한다. 한 e-소매업체는 가장 빠른 투자회수payback를 할 수 있는 사업 계획에 우선순위를 부여함으로써 5개월 만에 3억 달러를 확보했다. 그리고 이런 초기 소득에서 생긴 추진력 덕분에 이 금액은 1년 만에 8억 달러 이상으로 바뀌었다.

순서를 효과적으로 정하려면 전환 사업의 다양한 부분에서 잠재적인 성과를 평가할 수 있는 명확한 기준이 필요하다. 이를 위해서는 추정되는 혜택, 실현하는 데 요구되는 시간, 의존 관계, 필요한 투자, 전체적인 전환 과정에 미치는 영향 등을 냉철하게 평가해야 한다. 느슨하게 연계된 프로그램들이 뒤죽박죽되어 나중에 규모의 혜택을 침해하도록 만들기보다는, 한편으로 누적된 효과를 주시하면서 순서를 정해 응집력 있는 디지털 완전체를 향해 나아갈 수 있도록 사업을 구축할 필요가 있다.

디지털 전환은 오늘날 CEO를 맡고 있는 세대들에게 결정적인 도전이다. 아울러 그들이 내리는 결정은 사업의 번영과 쇠락을 결정할 것이다.

미래, 어떻게 설계할 것인가

오늘날 세상은 과거라면 상상도 할 수도 없었던 풍요의 시대로 넘어가고 있는 중이다. 사실 인류는 사회·역사적으로 큰 변화에 계획을 세우고 제대로 대처한 적이 거의 없었다. 변화의 거대한 파도 속에서 누군가는 파도에 밀려나고 사라질 때, 누군가는 파도를 헤치고 파도를 동력 삼아 앞으로 나아갈 뿐이다.

오늘도 세상은 아랑곳하지 않고 숨 가쁘게 다음 시대로 나아가는 데 속도를 높이고 있다. 변화의 파도는 더욱 거세졌다. 그것도 역사상 유례없는 속도이며 유례없는 혁신이다. 이런 상황에서 기술 발전 속도보다 더 중요한 것은 그런 변화를 따라잡을 수 있는 생각의 속도, 사고의 속도다.

이 책을 통해 앞으로 사라질 많은 직업들을 이야기했다. 그러나 그 직업이 사라진다고 해서 그것을 선택해서는 안 된다고 단순하게 판단해서는 안 될 것이다. 구글의 번역기가 정교해진다고 해서 당장 통역사나 번역가가 사라지지는 않는다. 제조업에 쓰이는 로봇이 복잡한 일을 해낸다고 해도 사람이 전혀 필요 없는 것은 아니다(아마존을 보라). 우리는 다만 이렇게 바뀌는 시대를 인식하고 새로운 시대에 맞게 '일하는 방식'을 고민해야 한다. 10~20년 동안 존재했던 일자리가 바뀐다는 것은 지금까지 했던 공부, 지금까지의 공부 방식을 전혀 다른 것으로 전환해야 한다는 의미이자, 그동안 소통했던 사람들과 다른 방식으로 소통해야 한다는 것, 이전과는 다른 수입원을 고민해야 한다는 것 등 많은 변화를 예고한다.

앞으로 몇 년간은 많은 사람들이 일자리를 잃고 분노하게 될 것이다. 그렇다고 새로운 변화를 '나쁜 것'으로 치부하고 거부해서는 안 될 일이다. 19세기의 러다이트들을 떠올려 보자. 그들은 산업혁명이 초래할 실업의 위험에 반대해 기계를 파괴하며 폭동을 일으켰다. 그들이 100년 후 지금의 세상을 봤다면, 기계의 발전으로 후손들이 이토록 멋진 세상을 살 수 있음을 알았다면 그들의 생각과 행동은 조금 달라졌을 것이다.

미래가 기하급수적으로 변해간다는 사실을 받아들이고, 어떻게 미래를 설계해 나갈지 지금부터 모두가 고민했으면 한다. 이 책이 앞으로 100년을 살아갈 많은 사람들에게 새로운 시대 변화를 인식하고 미리 대비하는 데 많은 도움이 되길 바란다.

2 0 3 0